【中国語版】

日中経済・社会比較論
―― 在日中国人学者による考察 ――

比較中日的经济和社会
～在日华人学者的观察与思考～

立命館大学経済学部教授
鄭 小平 著

日本僑報社

前　言

　　上世纪七十年代末，中国开始了改革开放。经过亿万人民三十多年的努力奋斗，2010年的国内生产总值（GDP）终于超过了日本，成为世界第二大经济实体，经济建设和社会发展取得了巨大的成果。然而，中国的人均GDP在2018年已接近一万美元的水平，仍然属于中等收入的发展中国家。同时，几十年来的经济高速增长，也给中国社会带来了诸如收入差距扩大及自然环境污染等各种各样的问题。如何从根本上解决这些问题，使经济及社会健康和持续地发展，实现人们梦寐以求的现代化，已成为亟待思考和解决的课题。

　　放眼东方，与中国一衣带水的日本，是亚洲第一个实现了现代化的国家。早在上世纪五十年代末，日本经济开始起飞增长，七十年代初成为世界第二经济大国。八十年代初，日本的人均GDP跨过一万美元大关，进入发达国家的行列。来过日本生活或旅行的中国人都会有目共睹：日本经济发达，社会安定和睦，收入差距不大，环境污染较少。人们自然会问，中国是否能从日本的现代化中借鉴汲取什么经验和教训？

　　针对这样的疑问，本书根据作者长期在日本教研和生活的经验，从经济发展、社会体制、文化传统、城市和区域、现代化历史等方面，思考和比较中国和日本两国的异同，提供了一些解答思路及其理由根据。如果读者在思考中国经济和社会的发展以及中日关系等问题时，能从本书中得到某些启发或参考的话，作者将深感欣慰和满足。

3

本书内容分七大部分和二十三章，由120多篇相对独立的短篇文章构成。读者即使选择其中几章或几篇文章阅读，也可以理解这些文章的主旨。文章大多写作于2009年至2015年之间，并曾登载在作者开设于中国国内社交媒体上的博客网站内（现在已停止写作及对外公开），可以说是作者长期思考和比较中日两国经济和社会异同的文字记录。

在把这些博客文章汇编成本书的过程中，作者做了一些文字的修改及整合，但基本保持了原文的基本思想和阐述风格。此外，作者在每篇文章前都标明了原博客文章的写作日期，以便提请读者注意文章写作当时的时代背景。当然，世界的经济和社会发展迅速，日新月异，本书中的一些文章所提到的部分事件及数据不免有些过时。然而，作者相信，本书的大部分文章现在及今后依然有一定的阅读价值和参考意义。

由于作者的学术水平和表达能力有限，本书中可能还存在许多的问题及缺点。在此，真诚期待广大读者的批评指正。本书在编辑出版过程中，承蒙日本侨报社编辑人士的大力协助，在此表示衷心的感谢。

郑小平

2019年11月定稿
于日本大津市琵琶湖边

目　录

第一部分 **经济发展及其课题**　7

1　比较中日的高速经济增长 ……………7

2　思考中日的区域经济差距 …………12

3　中国经济发展中的各种课题 …………27

第二部分 **市场经济及其思考**　39

4　"南巡讲话"与市场经济的发展 ………39

5　市场经济与计划经济 ……………45

6　21世纪的经济差距 ……………52

7　城镇化与政府规划 ……………58

8　关于土地财政经济 ……………68

9　上海自由贸易试验区 ……………75

第三部分 **城市和区域纪行**　81

10　中国的城市和区域 ……………81

11　日本的城市和区域 ……………95

12　上海和大阪 ……………106

第四部分　历史的启示　117

13 大清末年与辛亥革命 ················· 117

14 明治维新与日本的现代化 ············ 126

15 甲午年间议"甲午" 134

16 跨越"中等收入陷阱" ·················· 140

第五部分　东瀛所见所闻　149

17 日本的经验教训 ····················· 149

18 电视剧《阿信》的观后感 ········ 161

第六部分　日本的政治及制度　169

19 2012年的日本大选 ·················· 169

20 安倍内阁及其政策 ················· 178

第七部分　中国、日本及世界　189

21 如何看待中日关系 ·················· 189

22 日本与世界经济 ····················· 195

23 中日名人及其名言 ················· 204

第一部分 经济发展及其课题

1 比较中日的高速经济增长

(1) 高速增长的时期 (基于2009年7月2日博客)

现在，中国的经济正处于高速增长的阶段，这是毋庸置疑的。但是，我们也知道，大约在半个世纪之前，日本的经济就经历了二次大战后的高速增长。比较一下中日两国经济高速增长的异同，可以发现一些有意义的东西。

我想比较一下的是，中日两国被称为经济高速增长的两个不同的年代。关于中国，是自改革开放政策开始实施的上世纪七十年代末以来的三十年的时间。而关于日本，上世纪五十年代中期以后的三十年可选为与中国作比较。

综观中日两国上述两个阶段的经济增长的情况，我们可以发现，日本的经济高速增长始于上世纪五十年代中期，终于七十年代初期，前后持续了近二十年，其间的年平均国内总产值（GDP）实际增长率为9.1%。而中国的经济高速增长，如果假定从上世纪七十年代末开始的话，至今已经历了近三十年，其间的年平均GDP实际增长率为9.8%。从这些数字上来看，上述两个阶段，两国经济的平均增长速度均接近10%，当然可以看作为高速增长的时期。

但是，关于中国经济的高速增长是否可以从上世纪七十年代末算起，国人中可能有不同的意见。从我个人的生活体验来讲，上世纪的八十年代，国内普通老百姓家庭里连电话机也没有，大城市的街上也看不到招手即停的出租车，人们感觉不到经济的高速增长。我想，中国人民真正开始感受到经济的高速增长应该是1990年以后，特别是在1992年邓小平的南巡讲话以后吧。因此，如何评价经济的高速增长，光从数据上来看是不够的，还需要结合考虑老百姓在实际生活中的真实感受才行。

那么，如果说中国经济的高速增长开始于上世纪九十年代初期的话，到现在已经历了近二十年。上世纪七十年代初，日本经济的高速增长持续了近二十年。第四次中东战争的爆发引起了全球性的石油短缺，给世界经济带来了空前的危机。日本经济从而结束了高速增长，进入了年平均GDP增长率约4%的安定增长时期。由此，我们也不由自主的联想到，目前因美国次贷问题带来的世界性经济危机，是否有可能影响到中国经济高速增长的持续？

这次世界性的经济危机，被视为可以与上世纪二十年代的全球性经济恐慌相匹敌，无疑对中国经济的高速增长也是一次严峻的考验。不过，我个人以为，中国目前的情况与半个世纪前的日本大不相同。特别是，中国的人口规模是日本的十倍，国内区域间的经济差距又非常之大。如果我们能够充分发挥国内市场空间十分巨大这一优势的话，中国经济的高速增长是有可能再持续十年乃至二十年的。如果这样的话，这将成为中日两国经济高速增长上的最大不同之处了。

(2) 区域经济的动态 （基于2009年7月31日博客）

这里，我还想对比一下中日两国的区域经济增长的异同。我相信，每个国家的国情是不同的，但经济发展的基本原理应该是一样的。因此，日本经济高速增长的过程和经验，对理解中国经济高速增长及其未来是有借鉴意义的。

在日本经济高速增长的初期（1956-60年），其三大都市圈（即关东、近畿、中部三大城市及其周围）地区均已开始了高于全国平均速度的经济高速增长。这些地区位于日本本州岛的太平洋沿岸地带，具有与国外贸易的比较优势。特别是，明治维新以来的近代日本经济的发展，使这些地区的人口和产业高度集聚，经济发展水平高于日本其他地区。因此，在二次大战后的经济高速增长初期，这些地区就像中国现在的沿海地区一样，率先实现了经济的高速增长。

第一部分　经济发展及其课题

到了高速增长的中期（1961-65年），包括东京在内的关东地区和包括大阪在内的近畿地区依然保持着高于日本全国平均水平的经济高速增长，其年平均实际增长率超过11%。但是，以名古屋为中心的中部地区的经济增长却下降到了全国平均速度以下。该地区的产业结构以制造业为主，著名的丰田汽车公司也发祥于此。在高速增长期间的经济景气循环的激烈变化中，该地区一度失去了领先的优势。在中国的沿海地区中，我们也看到了有些经济曾高速增长过的省市出现了发展速度的下滑，其现象是相同的。

在日本经济高速增长的高峰阶段（1966-70年），GDP的全国平均增长率达到11%，上述三大都市圈地区的增长率则均超过了12%。在此同时，其他地区也出现了赶超猛追这些地区的现象。比如，日本的中国地区（包括广岛和冈山）和四国地区（即四国岛）的GDP增长率分别超过和接近了日本全国的平均水平。这些地区地处本州岛太平洋沿岸地带及其附近，与其他地区相比具有较好的经济发展条件。这样的现象，似乎在现在的中国也已发生。九十年代中，与沿海地区相接壤的一些中部地区开始实现了高于全国平均速度的经济增长。

最后，当日本经济进入高速增长的末期（1971-74年）时，出现了不可思议的现象。GDP的全国平均增长率下降到了5%左右，关东、近畿和中部这三大都市圈地区的增长率均下滑到了全国的平均水平以下！而北海道·东北地区、中国地区和九州地区等所谓地方性地区的增长率竟超过了全国的平均水平！即出现了经济发展比较落后的地区的经济发展速度超过了经济发展比较发达的地区的现象。

这是不是意味着，所有经济高度增长的国家都要在高速增长的末期迎来这样一个 climax 呢？显然，现在中国的许多西部地区的经济增长速度还没有达到全国的平均水平。不知该说是不幸还是有幸。说是不幸，是因为西部地区的经济还没有实现与其他地区一样的高速增长。说是有幸，是因为根据日本经济高速增长的经验，落后地区的发展速度低于发达地区，意味着整个国民经济还将继续高速增长一段时间。不管怎么说，中国目前的区域经济增长的特点与日本经济高速增长末

9

期的特点是不相同的，这是一个基本事实（fact）。

（3）人均GDP的差距（基于2009年8月21日博客）

前面写的一些关于中国和日本经济高速增长的文字，都是以考察国内总产值（GDP）增长率的结果为主要依据的。这对于认识和把握一个国家或地区经济发展的动态来说是不可缺少的。但是，众所周知，中国地大物博，人口众多，用GDP显示出来的经济总体规模也自然巨大。因此，我们也不能忽视用人均GDP的指标来考虑经济发展的问题。

特别是现在，经过二三十年的持续高速增长，2008年中国的GDP总量已跃居世界第三，仅次于美国和日本，我们应该更加重视人均GDP的高低及其变化了。这是因为，人均GDP比GDP本身更能够直接反映一个国家或地区的人民所创造的经济财富的多寡和达到的富裕程度的高低。所以这里，我想考察一下中国人均GDP及其变化的情况。

2009年4月，国际货币基金组织（IMF）发表了世界各国和地区人均GDP的最新统计结果。这里就分析一下部分国家和地区的情况。其中包括，美国和日本等发达国家，韩国、台湾、香港和新加坡等"四小龙"国家和地区，巴西（Brazil）、俄罗斯（Russia）、印度（India）和中国大陆（China）等所谓"金砖四国（BRICs）"。

首先，"金砖四国"在最近十年里经济发展迅速，引起了全球的注视。据发明这个名词的美国经济专家预言，四国中，俄罗斯的经济规模将于2027超过英国，巴西将于2031年超过法国，印度将于2032超过日本，而中国可能会在2041年超越美国。也就是说，"金砖四国"有可能在本世纪中叶统领全球的经济。

然而，这些预言即使说对了，也只是就GDP总量而言的。2008年"金砖四国"的人均GDP，不仅远远低于美国和日本等发达国家，而且与亚洲的"四小龙"还有很大的距离。就中国大陆来看，2008年的人均GDP为3315美元。从1990年的341美元到突破三千美元大关，的确令人高兴。但是，在全球近两百个国家中，人均三千美元还只不过是低程度中等发达国家的水平。与其他国家和地区相比较，中国大陆的人均GDP水平是美国（46859美元）的十四分之一，日本（38559美元）的十二分之一，香港（30755美元）的九分之一，韩国（19505美元）的六分之一，台湾（17040美元）的五分之一左右。此外，在"金砖四国"里，俄罗斯的人均GDP居首（11807美元），巴西次之（8197美元），中国大陆第三，之后为印度（1016美元）。

纵观1990年以来人均GDP的变化，我们可以看到，中国大陆从341美元增长到2008年的3315美元，十八年增加了8.7倍，平均每年增长48%。同一时期，美国的人均GDP增长了一倍左右，平均每年的增长率为6%。如果按照这几个年平均增长率做简单预测的话，我国的人均GDP再过八年就可以与美国平起平坐了。

显然，这样的预测结果，谁也不会相信。因为，中国今后人均GDP的年平均增长率是不可能保持48%这样的高水平的。过去二三十年的经济高速增长是在人均GDP极低的基础上启动的，因而所受到的资源和环境等的限制并不大。然而今后，国内各种自然资源和人力资源对经济发展的制约作用将越来越严峻，国际和国内社会各界要求保护生态环境的呼声也将越来越高涨，而包括"金砖四国"在内的世界各国围绕资源和市场的相互竞争也会愈演愈激烈。其结果势必造成经济学中的所谓边际生产率递减原理发挥作用，我国人均GDP增长速度的逐步递减将在所难免。

事实上，受2008年开始的全球金融危机的影响，中国2009年一季度的GDP实际增长率下跌到6.1%，二季度又回升到7.1%。经过社会各方面的不懈努力，2009年的GDP增长速度有可能恢复到8%。但从这里也可以想象到，今后要重现过去那样的高速增长是不现实的了。除非更深一步地解放思想，解放生产力。由此看来，设想今后中国人均GDP的年平均增长率为8%，而美国人均GDP的年平均增长率为2%，也许是比较现实的。

如果这样设想的话，我们可以再简单地预测出，中国将在46年以后才能实现与美国一样的人均GDP的水平。换句话说，中国还要花近半个世纪的时间才能在人均创造和拥有财富方面到达领先世界的地位。前途似乎是光明的，但是，道路一定是曲折的。

2 思考中日的区域经济差距

（1）改革开放以来的区域差距（基于2009年9月18日博客）

关于中国各地区的经济发展现状，2008年人均GDP最高的上海已超过一万美元，而最低的贵州刚达到一千美元，两者之间的差距很大。也就是说，目前我国区域经济的发展存在着相当大的差距。对此，我们如果在国内各地旅行一下的话，就可以亲身深刻地体会出来。

不知这种区域经济的差距是如何变化而来的？现在和过去相比，差距是扩大了？还是缩小了？针对这些疑问，我收集整理了改革开放以来三十年的各地区人均GDP的数据，作了一些考察。一般来说，用"上海贵州比"的指标，即该两地区人均GDP的比值，可以反映我国人均GDP最高和最低两地区之间的经济发展水平的差距。用统计指标"变异系数"，即人均GDP的标准差和平均值的比值，可以反映31省市自治区人均GDP的平均差距。经分析，"上海贵州比"和"变异系数"的变化趋势基本一致。两者并用，可以避免仅用一项指标得出偏颇的结论。

具体来说，首先，在改革开放刚开始时的上世纪七十年代末，区域经济的差距远比2008年现在还大。上海的人均GDP竟是贵州的14倍。变异系数也达98%，意味着各地区的平均差距约为人均GDP水平的一倍。不过，从那时开始，区域经济的差距开始下降。这一特征说明，计划经济体制所造成的区域经济的差距远远大于市场经济体制，改革和开放使中国原有的巨大的区域经济差距开始缩小。

其次，区域经济的差距下降到了九十年代初，又开始增加和扩大。我们记得，也是从那时开始，中国的区域经济差距的问题引起了国内外各界的高度关注。"上海贵州比"上升的趋势明显，两地区人均

12

第一部分　经济发展及其课题

GDP的差距从九十年代初的7倍扩大到九十年代末的11倍。这也说明沿海和西部地区经济发展水平的差距显著扩大。众所周知，从九十年代初开始，我国加速了改革开放的步伐，真正开始了市场经济体制的建设。市场经济化的进展，使经济开始高速增长，而经济的高速增长又同时带来了区域经济差距的扩大。从日本等发达国家的经济高速增长的经验来看，这一现象是不可避免的。

再次，从本世纪初开始，区域经济的差距开始持平，其变动基本缩小到一定的范围里。以上海和贵州的人均GDP为例，两者的差距大致停留在9到11倍之间。至少没有出现改革开放初期时的14倍的局面。考虑其原因的话，我想一方面因为市场经济体制已初步建立，较合理的资源配置机制开始发挥作用，促使经济高速增长的浪潮从沿海向西部波及和推进。另一方面，中国政府从九十年代后期开始制定了区域经济协调发展的政策，进入本世纪后又开始实施西部大开发等战略。这两方面的原因，使得从九十年代初开始的区域经济差距扩大的趋势得到了一定的控制。

最后，最近几年的区域经济差距还出现了一些下降的趋势。比如，2008年的变异系数下降为58%，低于过去三十年中的最低值（既1991年的60%）。上海和贵州的人均GDP的差距也缩小为8倍。一般来讲，这两年的区域经济差距的减小与两年前因美国次贷问题引起的全球性经济危机密切相关。经济危机使我国经济的发展速度开始下滑，从而带来区域经济差距的有所缩小。同时，我们还可以期待，这两年的差距减小也有可能是"库兹涅茨曲线"现象的出现。所谓"库兹涅茨曲线"是诺贝尔经济学奖得主库兹涅茨提出的一个著名假说：一个国家的人均收入的差距随着经济增长先升后降，呈倒U字型曲线。不过，毕竟中国的区域经济差距的缩小还是这一两年的现象。是否如该假说所示，有待于进一步的观察和论证。

（2）建国60年来的区域差距（基于2009年9月25日博客）

再过几天就是中华人民共和国成立六十周年的纪念日了。日本的一家关于中国的综合网站发来约稿的邮件，希望我提供一篇与六十周年国庆有关的文章。我的专业是区域经济学，自然想到可以写一篇回顾建国六十年来区域经济差距变化的文章，已助于理解中国区域经济差距的现状和展望经济发展的未来。

为了较客观地回顾过去六十年来中国的区域经济差距的变化，我收集整理了改革开放以前近三十年的有关资料，从国家统计局1999年编辑的《新中国五十年统计资料汇编》中获取到1952年到1977年的各地区人均GDP的数据。

需要解释一下的是，在下面使用的指标中，"最大最小比"是指各地区人均GDP中的最大值和最小值的比率，反映各地区人均GDP之间的最大差距。"变异系数"是测量两个以上地区某指标差距时常用的统计量，即指标的标准差和平均值的比值，可以用来反映中国30来个省市自治区人均GDP的平均差距。用这两个指标来考察各地区人均GDP差距的变化特点，可以减少只用一项指标而得出片面结论的风险。

数据分析的结果表明，这两个指标的变化趋势基本一致，简明扼要地勾画出建国六十年来的区域经济差距的变化过程。首先，在上世纪五十年代，区域经济差距呈扩大趋势，并在1960年达到一个高峰。众所周知，建国后不久的1953年，中国开始了第一个五年计划的经济建设和对私营工商业的所有制改造。这个五年计划基本完成，国民经济迅速恢复和发展。但是，对私营工商业所有制的过急改造和五十年代后期开始的"大跃进"运动，使国民经济出现大幅度的倒退，区域经济差距急剧扩大。

进入六十年代后，区域经济差距开始缩小，到文化大革命开始之前一度呈现持平状态。六十年代初，政府结束了"大跃进"运动，对国民经济进行了调整。重工业的发展速度得到控制，农业生产单位规模有所缩小。衰退后的国民经济开始复苏和增长，区域经济差距也随之有所减小。但是，1966年开始的文化大革命给国民经济带来了毁灭性的破坏。中国经济再次出现大衰退，区域经济差距又开始扩大。

第一部分　经济发展及其课题

文化大革命一直持续到七十年代中期，区域经济的差距也继续扩大。其中，反映各地区人均GDP最大差距的指标（即"最大最小比"），在1974年和1976年之间达到建国六十年中的最高值。反映各地区人均GDP平均差距的指标（即"变异系数"）也在文化大革命结束后的1978年达到建国以来的最大值。可以说，计划经济的体制和文化大革命，使国民经济衰退到了崩溃的边缘，同时也使区域经济的差距扩大到了空前绝后的地步！

七十年代末，中国开始改革开放。八十年代初，农村开始实行联产承包制。八十年代中期，城市开始国营企业管理体制的改革，沿海地区率先进行对外开放。改革和开放改良了计划经济体制的种种弊端，使国民经济开始恢复和发展。区域经济的差距也从七十年代末的最大值开始减小，反映各地区人均GDP之间最大差距和平均差距的两个指标均在九十年代初下降到最低点。

九十年代初，中国开始加速改革开放，意味着国民经济正式从计划经济体制向市场经济体制转型。市场经济体制的建设给中国经济带来了前所未有的高速增长，但是同时也使区域经济的差距再次扩大和增加。整个九十年代，各地区人均GDP的最大差距和平均差距均不断增大。各种经济差距的扩大，引起了国内外各界的高度关注。

进入本世纪以后，全国的市场经济体制初步建立，较合理的资源配置机制开始发挥作用，政府也开始实施区域经济协调发展的政策。经济高速增长的浪潮从沿海地区向内陆地区波及和推进。区域经济差距扩大的趋势得到了一定的控制并进入了持平的局面。不仅如此，在最近一两年里，区域经济的差距甚至出现了下降的征兆。

通过回顾建国六十年来的区域经济差距的变化，我们可以看到，不同经济体制下的区域经济差距的变化规律是不同的。在改革开放前的计划经济体制之下，国民经济的发展可以促使区域经济差距的减小，而国民经济的衰退势必造成区域经济差距的急剧扩大。然而，在改革开放以后，特别是九十年代以后，国民经济的高速增长会带来区域经济差距的增加。但是，随着市场经济体制的逐步健全和国民经济的持

15

续增长，区域经济差距扩大的趋势开始得到一定的控制，区域经济的差距甚至有可能缩小和减小。

(3) 解读绝对差距和相对差距 （基于2009年10月2日博客）

有一天，张三和李四互相比较这两年的收入变化。去年，张三的收入是一万元，李四为两万元，两人相差一万元。今年，张三的收入增为一万五千元，李四则增加到两万八千元，两人相差成了一万三千元。请问两人的收入差距是增加了还是减少了？

一种答案是，张三和李四的收入相差从去年的一万元增加到今年的一万三千元，两人收入的差距当然是增加了。然而，另外一种解答截然相反：去年李四的收入是张三的2倍，今年减少为1.87倍，两人收入的差距应该是减少了。事实上，前一种答案比较的是两人的收入之差值，反映的是绝对差距的变化。而后一种解答计算了两人收入之比率，比较的是相对差距的不同。显然，绝对差距和相对差距的比较结果是不一样的，有时甚至是完全相反的。

这种绝对差距和相对差距的不同，在用来比较区域经济差距变化时也同样会出现。以中国改革开放三十年来的区域人均GDP差距为例，我们就可以清楚地看到两者的不一致。比如，我们用三十年来人均GDP最高的上海和最低的贵州之间的差值（即"上海贵州之差"）来表示人均GDP的绝对差距，而用两者之间的比率（即"上海贵州之比"）来反映人均GDP的相对差距，两者显示出完全不同的区域经济差距的变化轨迹。

首先，绝对差距在这三十年间一直处于增长的趋势。比如，1978年上海和贵州的人均GDP相差2310元，90年和00年分别增加到4790元和24915元，而08年又增大到63712元。根据这个指标，也许可以说，改革开放以来的区域经济差距与日俱增，越变越大了。但是，相对差距的变化并非如此单调。78年上海的人均GDP是贵州的14.3倍，90年和00年分别为7.1倍和9.8倍，08年则减小到了8.2倍。以此为据的话，改革开放后的区域经济差距先是开始下降，90年后又开始扩大，00年后大致持平，最近出现了一些减小的倾向。

两种指标，两种说法，两种结果。到底哪种指标更为严格和妥当呢？我个人认为，用相对差距的指标来衡量区域经济的差距比较严格和妥当。因为，我们知道，物体大小的相互差距是与其大小密切相关的。一般来讲，大的东西，其本身相互间大小的差距也大；小的东西，相互间大小差距也小。因此，比较大小不同的物体的差距时，需要扣除物体本身大小的因素。相对差距的指标，计算了物体大小的比率，因而排除了物体大小因素的影响，所以是比较严格和妥当的。

再打个较通俗的比方来解释的话，我们可以设想一下比较老鼠和大象体重差距的情形。老鼠本身体重很轻，互相之间的体重之差可能只有几十克。而大象体重很大，相互之间的体重之差轻易就超过几百公斤。我们不能因此就下结论说，老鼠体重的差距肯定比大象要小。我们只有通过比较老鼠之间的体重之比和大象之间的体重之比，才能判断哪个体重的差距较大。

由此而言，我认为，用计算物体大小的比率而求得的相对差距的指标要比用计算物体大小的差值而求得的绝对差距的指标更严格地反映物体大小上的差距。从这个意义上讲，用相对差距指标衡量出的中国区域经济差距的特点是比较严格和妥当的。正因为这个原因，在前面的文字中，我都运用了相对差距的指标分析了中国区域经济差距变化的特点。文中的"变异系数"是表示两个以上地区的相对差距时常用的统计量。

当然，最后还要补充一句，用绝对差距的指标反映的收入差距，也并非完全没有道理。就拿本文开始时提到的例子来说，去年张三和李四的收入之差是一万元，而今年两人的收入之差增加到了一万三千元。尽管张三的收入也增加了五千元，他与李四之间的差距却又增加了三千元。一般来说，张三是不会认为这是公平的。那么，什么又是公平呢？仁者见仁，智者见智。这涉及到了价值判断的问题，暂且不去议论。

（4）看看日本的区域经济差距（基于 2009 年 10 月 9 日博客）

　　这段时间连续写了几篇关于区域经济差距的文章，介绍了一些衡量区域差距的方法，也指出了一些中国区域经济差距的变化特点。这里，我想考察一下日本的区域经济差距的情况，以提供一个判断中国区域经济差距是大还是小的参考尺度，同时加深一些对区域经济差距变化规律的理解。

　　日本的区域经济由 47 个都道府县构成，相当于中国大陆 31 个一级行政区。以东京、大阪和名古屋为各自中心的三大都市圈是经济最发达的地区。以位于北海道的札幌、东北地区的仙台、中国地区的广岛和九州地区的福冈这四大地方城市为中心的地方都市圈，发达程度仅次于三大都市圈。这些都市圈以外的地方经济相对落后一些。都市圈经济和地方经济之间产生了一定的区域经济差距。

　　为了较全面地反映日本区域经济差距的变化，我用标准差和变异系数这两个指标比较了日本 1955 年至 1999 年的区域人均 GDP 差距的变化。其中，区域是指上述 47 个都道府县。标准差和变异系数分别反映区域人均 GDP 的绝对差距和相对差距。此外还要附加说明的是，1955-1973 年是日本二战以后的经济高速增长期，1974-1984 年为经济稳定增长期，而 1985-1999 年被称作日本的泡沫经济及其崩溃后的时期。

　　数据分析显示，绝对差距（即标准差）和相对差距（即变异系数）显示的变化趋势完全不一样。比如，从 1955 年的经济高速增长开始，绝对差距一直增加和扩大，直到九十年代初。与此相反，相对差距开始时较大，后来则有所减小。由此看来，日本区域经济的绝对差距和相对差距的变化也是截然不同的。据我所知，日本大多数国民和经济学家对战后日本区域经济差距变化的感受基本上是与相对差距所反映的特点相一致的。因此，我们可以说，相对差距所反映的是日本区域经济差距变化的特点。

　　用相对差距的指标来考察日本区域经济差距的变化，我们可以从变异系数的变化过程得知，在经济高速增长的初期，区域差距明显扩大。但是，日本经济进入高速增长的后期时，区域差距开始减小。高速增长结束后，区域差距下降到最低。也就是说，区域经济的差距随着国民经济增长先升后降，呈"库兹涅茨曲线"现象。

从1985年开始，日本经济再次进入一个增长的阶段，日本的股票和房地产市场中开始出现明显的泡沫现象。此时，长期处于低水平的区域经济差距也开始扩大。到了九十年代初，日本的泡沫经济突然崩溃，国民经济大幅度衰退，区域经济差距也重新趋于缩小。区域经济的差距在经济高速增长期和泡沫经济及其崩溃后时期曾两次经历从扩大到缩小的循环。我们有理由推断，区域经济差距的变化是与整个国民经济的增长状况密切相关的。

通过考察战后日本的区域经济差距的变化，我们也许可以得到以下的一些启示。首先，相对差距的指标所反映的特点基本上与日本广大国民对战后区域经济差距的感受一致。用相对差距来衡量区域经济差距的变化是比较客观和妥当的。其次，日本的区域经济差距在国民经济显著增长时呈扩大趋势，而在经济发展减速时出现缩小的现象。由此推论的话，中国的区域经济差距的扩大和缩小，特别是从开始建立市场经济体制的九十年代以来，也将是与整个国民经济的发展状况不可分割的。

最后，如果比较一下中日两国的区域经济差距的大小，我们可以看到，日本的区域经济差距（用相对差距即变异系数衡量）基本变化在15%到30%的范围里。而用同样指标衡量的中国的区域经济差距，即使只看九十年代以后的情况，变化也在55%和70%之间。因此，单纯比较一下也可以断言，中国的区域经济差距大致是日本的二至四倍。从这个意义上可以说，中国的区域经济差距是巨大可观的，要将其缩小到日本现在的水准的话，是相当艰巨和困难的。

(5) 日本区域经济差距的原因（基于2009年10月16日博客）

这里，我想进一步地分析一下日本区域经济差距变化的原因，以提供认识中国区域经济差距变化规律的参考。日本是市场经济的国家，而中国从上世纪九十年代开始建设市场经济的体制，故此，中日两国之间存在可以互相参考的东西。此外，日本的统计数据比较健全且信赖度较高，分析这些数据可以得出一些仅用中国的统计数据所无法得到的见解。所以，深入分析日本的经济，可以获得他山之石可以攻玉的效用。

这里，本着实证主义的精神，我仍然要运用数据来分析日本区域经济差距变化的原因。通过收集和加工来自日本政府的有关原始统计数据，归纳出有关指标。其一是区域经济差距，用日本47个都道府县人均GDP的变异系数来表示。该指标可以比较客观地反映日本的区域经济差距的大小。其二是GDP实际增长率，放映日本整个国民经济的发展状况。其三为东京圈净迁入人口，根据日本最大城市地区－东京圈（即东京都、琦玉县、千叶县和神奈川县这1都3县）的迁入人口和迁出人口的差值算出，可以用来表示日本区域间人口流动的基本动向。

关于上述指标的时系列分析表明，日本的区域经济差距、GDP实际增长率和东京圈净迁入人口基本显示相似的变化趋势。这意味着，日本的区域经济差距的变化，是与整个国民经济的发展状况和区域间人口流动的基本动向密切相关的。它们之间的相互关系，可以通过下面的详细分析归纳得出。

首先，在战后日本经济高速增长的初期（1956-60年），整个国民经济开始了GDP年平均增长率为10%以上的高速增长。这种高速增长反映到区域经济层面上，就是以东京圈为代表的大城市地区率先开始高于全国平均速度的高速增长。作为其结果之一，日本的区域经济差距在这个时期显著扩大。

然而，随着区域经济差距的扩大，在人口可以自由流动的经济体制下，人均GDP水平较低地区的人们为了追求较高的经济收入，自然会开始向人均GDP水平较高地区流动。于是，东京圈的净迁入人口也从高速增长初期开始急剧增加，在1962年达到每年约净迁入40万人的高峰值。

大城市地区净迁入人口的增加，虽然给这些地区带来了诸如就业和住房的压力，但是也大大缓和了区域经济差距的扩大趋势。从六十年代初开始，日本的区域经济差距明显开始减小。以后，在高速增长的中期和高峰阶段（1961-70年），大城市地区的经济发展速度仍然高于全国平均水平，区域经济差距依然存在，向大城市地区迁入的人数同样多于迁出的人数。有所不同的是，后两者的规模均在不断缩小，反映了两者之间具有互为因果的关系。

当日本经济进入高速增长的末期（1971-74年），全国GDP年平均增长率下降到5%左右，东京圈等大城市地区的经济发展速度下滑到全国的平均水平以下，而北海道等地方经济的增长则超过了全国的平均速度。这样的区域经济发展格局的变化，使得区域经济差距进一步缩小，大城市地区净迁入人口也随之更加减少。到了高速增长结束后的七十年代中期，日本的区域经济差距以及东京圈净迁入人口均下降到高速增长以来的最低水平。

不仅如此，当日本经济在八十年代后期再次进入一个增长阶段（即泡沫经济）时，区域经济的差距又随之有所扩大，东京圈净迁入人口也开始回升。而泡沫经济在九十年代初突然崩溃后，国民经济增长出现大幅度的下滑，区域经济差距和东京圈净迁入人口也再度呈现减小趋势。由此可见，从战后日本经济的发展过程来看，区域经济的差距随整个国民经济的显著增长而扩大，随经济发展的减速而缩小。同时，区域经济的差距又因区域之间的人口流动而受到有效的调节和控制。这些事实对于认识中国的区域经济差距的变化规律无疑也是有一定借鉴价值的。

(6) 为什么区域差距会扩大和缩小？ （基于2009年10月23日博客）

最近写了好几篇关于中国和日本的区域经济差距的文章，用统计数据揭示了一些两国区域经济差距的变化特点及其原因。但是，我仍然觉得光用数据指出现实社会的现象是不够的，我们还需要把这些现象提高到理论层面上来认识，这样才能归纳总结出一些现实经济社会发展变化的规律。根据这一想法，这里我将从区域经济理论的角度分析一下区域经济差距扩大和缩小的原因。

从以前的几篇关于中日区域经济差距的文章中揭示的基本事实出发，这里将主要分析区域经济差距的变化与国民经济的发展状况以及区域间人口流动倾向之间的关系。分析中要用到一些经济学的基本原理。但是，对这些原理不太熟悉的读者，只要能直觉地理解下面几条经济原理的话，基本也能读懂这篇文章。

这几条经济原理是，（1）一个地区的工资水平是由劳动需求量和供应量的平衡相等决定的。（2）劳动需求量的增加会引起工资水平的上升。（3）劳动供给量的增加（或减少）会带来工资水平的下降（或上升）。

首先，我们可以设想一个国家是由两个区域构成的。一个是发达地区，如中国的沿海地区，或日本的大都市圈地区。另一个是落后（或欠发达）地区，如中国的中西部地区，或日本的大都市圈地区以外的地区。发达地区的人均GDP较高，即工资水平较高。落后地区的人均GDP较低，即工资水平较低。也就是说，两个地区内部各自的劳动需求量和供给量的平衡相等的结果所决定的两者的工资水平之间，存在着一定的差距。

当这个国家的国民经济增长时，具体反映到区域经济层面上即意味着劳动需求量的增加。这种劳动需求量的增加，通常在发达地区规模较大，而在落后地区规模较小。根据劳动需求量的增加会引起工资水平上升这一原理，两个地区的工资水平将开始上升。但是，发达地区的上升幅度将比落后地区的幅度要大。因此，该两地区之间的工资差距将进一步扩大。

这种区域间工资水平差距的扩大，势必引起区域之间的人口流动。一般来讲，工资水平较低的落后地区的劳动力（人口）将向工资水平较高的发达地区流动。再根据劳动供给量的增加（或减少）会造成工资水平的下降（或上升）的原理，落后地区的劳动力（人口）的减少将引起该地区工资水平的上升，而发达地区的劳动力（人口）的增加

22

将带来该地区工资水平的下降。其结果是，该两地区之间工资水平的差距（即经济差距）将有所缩小。

综上所述，一个国家的国民经济的增长将引起国内区域之间经济差距的扩大。区域经济差距的扩大又将促进劳动力（人口）从落后地区向发达地区的流动。这样的区域之间的人口流动又会带来区域经济差距的缩小。运用同样的思路，我们也可以说明，当国民经济的发展出现减速或倒退时，区域之间的经济差距将有所缩小。而区域间的人口流动将进一步减小区域间的经济差距。

如果上述分析是正确的话，我们还可以进一步推论，在一定的条件下，区域经济差距的扩大是国民经济增长的产物。无视这种关系而一味地去缩小区域经济差距的话，也许会带来国民经济发展的减速或倒退。同时，区域间的人口流动是缓和区域经济差距的重要手段。过分地限制农村和城市之间的人口流动的话，是不利于缩小区域之间的经济差距的。

(7) 区域经济差距的功罪 （基于2009年10月30日博客）

提起中国的区域经济差距，我们可以看到许多文章在讨论其现状和变化趋势，并提出了不少缩小区域经济差距的政策建议。我们似乎会无意识地感觉到，区域经济差距不是个好东西，应该彻底地加以消除。用一句三十多年前曾家喻户晓的政治口号来讲的话，就是要消灭城乡差别即区域经济的差距。

难道说，区域经济的差距真的就是"有百害而无一利"吗？千秋功罪，谁人曾与评说？我觉得，正确地认识区域经济差距的功与罪，有利于科学地评价区域经济差距的现状，制定实事求是的区域经济发展的政策。当然，评说某一事物的好坏，如同议论某个伟人的功过，众说纷纭，不一而论。其中涉及到不少价值观判断的问题，无法避免受评说者的主观好恶的影响。这里只想提供一些评说的观点，以期能够抛转引玉。

我以为，区域经济的差距是功罪并存的。首先，来看人们比较熟悉的区域经济差距的"罪过"的方面。一般来讲，区域经济的差距太大，会引起区域之间大量的人口流动。水往低处流，人往高处走。较落后地区的人口流向较发达的地区。大量的人口流出使较落后地区失去许多青壮年劳动力，农业及其他地方产业的发展会停滞，地方政府的税收会减少，区域经济有可能出现衰退。另一方面，大量的人口流入较发达地区又会给这些地区带来居住、交通、就业等方面的巨大压力，使较发达地区的人口和产业更加密集和拥挤不堪。

更重要的是，区域经济差距的扩大会引起民众的不公平感，带来社会的不稳定。再具体点说，就是不同社会群体之间以及民族之间的矛盾的加剧。其最坏的局面就是不同地区之间的对立乃至国家社稷的分裂。从这些惊心动魄的结局来看，区域经济的差距的确需要加以高度重视，必要的时候需要采取有力的措施加以控制。

然而，区域经济的差距有这么多的"罪过"，并不意味着它就没有一点"功劳"了。第一，区域经济的差距具有刺激区域之间的竞争和促进区域经济发展的作用。区域经济之间一旦有了明显的差距，较落后地区就会发奋图强，赶超先进。同时，较发达的地区也会再接再厉，保持领先。这种竞争的意识在市场经济机制的作用下，会变成区域经济发展的巨大动力。我们知道，现在中国国内越来越多的企业已改革工资制度，引进年薪制或者把工资奖金与企业员工的工作成绩紧密挂钩。其用意就是想通过拉开企业员工的收入差距来刺激工作的积极性，从而达到增加企业盈利的目的。这个道理是与区域经济差距的作用一样的。

其次，区域差距所引起的从较落后地区向较发达地区的人口流动，也能给不同的地区带来不同的好处。比如，在较落后的地区，人口及劳动力的流出将有利于其剩余劳动力问题的解决。同时，流向较发达地区的人们又可以为故乡带回来有利于故乡经济发展的资金、信息、技术以及现代化的思想。另一方面，在较发达的地区，人口及劳动力的流入也有利于改善劳动力相对不足的状况，为城市基本建设和基础产业的发展做出贡献。更重要的是，人口及劳动力的流入可以增加这些地区的人力资本的多样化和相互交流。这种多样化和相互交流，被现代经济学认为是知识创造和科技革新的根本源泉！

因此，区域经济的差距并非"有百害而无一利"，而是有一定积极作用的。事实上，中国改革开放三十年来的经济发展的事实也证明了这一点。上世纪八十年代初，邓小平提出让一部分人和一部分地区先富裕起来的观点，就是对区域经济差距的积极作用的灵活运用。如果我们那时还是一味强调区域经济差距的负面影响，坚持要首先消灭差别的路线和政策的话，我们就没有现在的经济高速增长了。

（参考文献）郑小平著《区域政策的理论和实践》（第五章、区域发展和区域差距的理论）、（日本）大学教育出版社、2001年。（日语专著）

（8）如何对付区域经济差距？（基于2009年11月6日博客）

在过去的两个月里，我在自己的博客上写了一系列关于区域经济差距的文章，考察了改革开放以来中国区域经济差距的变化特点，也比较了日本经济高速增长时期的区域差距，分析了区域经济差距变化的主要原因，并讨论了区域经济差距的功过。这里，作为对这些文章的一个总结，我想归纳几条关于区域经济差距的对策。

首先，所有的区域经济差距对策都基于对区域经济差距的认识结果，因此，用什么指标来衡量区域经济差距是制定对策的出发点。根据关于绝对差距和相对差距的议论，我认为相对差距的指标比较严格和科学，其衡量的结果可以反映区域经济差距的基本特征。

运用相对差距的指标显示，改革开放以来，中国的区域经济差距在上世纪八十年代曾大幅度减小，而在九十年代又开始扩大。但是，进入本世纪后，区域经济差距开始基本持平，在一定范围里微小波动。最近两年，区域经济差距还出现了一些下降的现象。

当然，广大人民群众如何感受和评价区域经济差距的大小涉及到价值判断的问题。仁者见仁，智者见智，难以一概而论。因此，我觉得非常有必要用大规模和长时期的民意调查方式来把握广大人民群众对区域经济差距的感受和评价。这也是因为，区域经济差距的扩大会引起广大民众的不满，带来社会的不稳定。

其次，区域经济差距对策的基本目标可以设定为，把差距缩小和控制在广大民众能够接受的范围内。这样表述有两个含意。一是，过大的区域经济差距一定要加以缩小和控制。这是因为，区域经济差距会引起区域之间大量的人口流动，给人口流出和流入的地区以及整个国家带来许多深刻的社会问题。二是，区域经济差距只要控制在广大民众能够接受的范围内的话，就可以放任自流，任其自然。这是因为，区域经济差距又有刺激区域之间的竞争和促进区域经济发展的作用。要完全"消灭"区域经济差距，既是不可能的，也是无利于区域之间的竞争和区域经济发展的。至于广大民众能够接受的区域经济差距到底是多大，这需要通过民意调查等方式来分析和把握。

第三，在制定缩小区域经济差距的政策时，首先需要充分发挥市场经济机制调节差距的作用。根据前面几篇文章的分析，区域经济差距的扩大与整个国民经济的发展和增长密切相关，同时，区域之间的人口及劳动力的流动具有减小区域经济差距的效果。不仅如此，资金、信息和产品在区域之间的流通也会促进区域经济差距的下降和缩小。

这主要是因为，区域经济之间存在着一定的差距的话，人口及劳动力就会从较落后地区向较发达地区移动，而资金则会从较发达的地区投向较落后的地区。此外，信息和产品的流通也有助于较落后地区的经济发展，从而减小区域之间的经济差距。从这个观点来看，中国国内存在的限制区域间人口及劳动力流动的制度和政策，还有城市间高速公路上司空见惯的设卡收费现象，都是不利于区域经济差距的缩小的。

最后，政府也可以采取一些政策措施来缩小和控制区域经济之间的差距。比如，加强对较落后地区的投资建设，限制一部分产业继续在较发达地区的布局，实施区域之间的财政转移和补贴，鼓励优惠较落后地区的经济发展。但是，在市场经济的体制下，这些政策和措施只能起到补充和完善市场调节机制的作用。现在中国国内许多探讨缩小区域经济差距的文献中，动辄就把政府对落后地区的投资建设等看作是最重要的对策，不得不说是有本木倒置或喧宾夺主之嫌。

3 中国经济发展中的各种课题

（1）经济发展的质量问题（基于2011年8月6日博客）

近年来，中国经济每年以两位数的速度增长，从GDP的规模上讲已经超过日本成为世界第二经济大国。经济高速增长，规模迅速扩大，可以说都是数量上的飞跃。现在，中国经济发展的最大课题，已不是数量扩大的问题，而是质量提高的问题了。

那么，什么是经济发展的质量问题呢？ 我们不妨先看看下面这些事例。首先，在大中城市生活的居民时刻都感觉到房价昂贵的压力。现在，一般工薪阶层，光靠自己工资的收入已无法购买宽敞舒适的住房。经济发展虽然带来了个人收入的增长，但是房价的上涨速度有过之而无不及。显然，经济发展并没有使人民生活的质量得到充分的改善。这可以说是经济发展质量问题的典型表现。

其次，近年来经常可以听到看到因人为原因人民生命财产遭受严重损害的新闻。例如，去年11月发生在上海的高层公寓火灾。又如上月发生在温州的动车追尾相撞事故。经济发展让人们住上了高楼大厦，乘上了高铁豪车，但是同时也让人们蒙受更大的受灾风险。对此，人们不得不说，这样的经济发展还存在着质量上的问题。

再次，最近沿海北上的台风"梅花"给许多沿海地区带来严重危害。许多城区街道下水道排泄不通，水漫金山。许多城镇乡村居民的住宅被大雨摧毁，生命财产遭受损失。当然，这些损失危害一部分是因为自然灾害的强度过大。但是，它们也提醒人们，我们在防灾抗灾基础设施建设上还有很多"功课"要补，城乡经济基础的质量还有待于提高。

另外，除了上述与经济发展"硬件"相关的方面之外，经济发展的"软件"方面也需要彻底的改善和提高。比如，日常生活用品和食品质量及安全的管理问题，每年春运季节的"一票难求"的问题，

"国进民退"和国有企业垄断市场的问题，政府机构的官僚腐败和行政服务欠佳的问题，等等。这些问题的存在，直接影响人民群众对经济发展的看法和从中获得的实惠，与经济发展的质量不无深刻关系。

对上述这些经济发展的质量问题，我们应如何对待和加以解决？我个人认为，首先是需要各级政府、社会媒体和广大民众充分认识和重视这些问题，在评价经济发展的成果时，时刻要注意其质量如何。例如，在考察一个地区的经济发展时，不能光看其速度和规模，更重要的是要看人民群众的生活质量是否得到了实质性的提高。我们知道，现代经济学非常强调经济发展中普通民众的效用水平（满足度）是否得到最大化，其道理也就在这里。

(2) 高铁建设与"一票难求"（基于2011年1月14日博客）

马上就要到一年一度的春节了，国内的许多媒体又开始议论春运期间的"一票难求"的问题了。据网上报道，有旅客问：一票为何难求？铁路部门答曰：供不应求。旅客再问：排队排在第一个为什么还是买不到票？铁路部门答曰：还是因为供不应求。……

关于铁路部门的发展变化，在过去的几年里，我们经常可以看到许多高速铁路通车的消息。武广高铁通车了，沪杭高铁也通车了。还有"四横四纵"的高铁建设规划，估计不远的将来也可以建成。高铁不断地在建成，"一票难求"一直没有解决。真是不可思议。看来，"硬件"易建，"软件"难成啊。

二十一世纪第十一个年头仍然存在着"一票难求"的现象，不得不使我想起三十年前的计划经济的时代。那时的春运，也是"一票难求"。每到大学放寒假回家过春节时，买火车票是桩头疼的事情。无可奈何之下，只能一大早去售票处排队，看售票员的冰冷面孔。要不就去托亲戚朋友通过关系搞票子，欠下不少的人情……

相比之下，在日本生活的二十多年里，好像就没有碰到过"一票难求"的事情。有时在旅游旺季，可能会买不到某一天某一班次的车票，但是推迟一天或改个班次的话，总能成行。碰上车票售完的情况，售票员会再三表示歉意，好像是他们做错了什么事。有时车子晚点了，列车员会不厌其烦地解释和赔礼道歉……

针对"一票难求"的问题，国内网上也有很多建议。比如，要实行火车票实名制，取缔"黄牛党"，严禁售票部门的"开后门"，等等。我个人还认为，改变"硬件"的建设超越"软件"改善的改革也非常重要。日本的全国性铁路系统以前曾是国有公营的，后来一律改成民营，大大改变了铁路服务的面貌。中国铁路的民营化，也到了探讨研究的时候了。

（3）区域经济增长的意义（基于2011年10月21日博客）

众所周知，在过去的三十年里，中国各地区的生产总值（GDP）高速增长，为中国成为世界第二经济大国做出了贡献。但是，全国以及各地区的人均GDP目前与西方发达国家相比还有很大的距离。此外，在GDP总量高速增长的过程中，不少地区的自然环境遭到破坏，城乡间经济差距不断扩大，拜金主义和官僚腐败的现象有增无减，最近高铁地铁及城市建设的伤亡事故不断发生。这使人们开始怀疑，经济的增长（growth）能否带来中国社会可持续性的和健康和谐的发展（development）。由此可见，区域经济增长的含义和作用，很值得我们认真的探讨和深思。

一般来说，区域经济的增长是指一个区域内部的生产总量或个人收入水平的增加。两者分别可用区域的GDP总量和人均收入来表示。前者表示区域经济总体规模的大小，而后者代表居民从所在区域的经济活动中获得的个人报酬的高低。通常，两者之间存在着正相关，即区域经济的规模越大，个人获得的经济报酬也越高。但是，在区域经济的分配机制发生扭曲时，比如企业的工资制度和政府的税收体系存在不公平现象时，GDP的增加不一定能带来相同比例的个人收入的提高。因此，衡量和议论区域经济增长时，需要充分注意所用的指标及其表达的准确含义。

在探讨区域经济增长的意义时，我们还需要留意其与区域自然环境和社会发展的关系。总的来说，区域的经济增长（economic growth）并不直接等于区域的社会发展（social development）。这是因为，二次大战以来西方发达国家的发展经验已告诉我们，一个国家或区域的GDP总量的增加，有时会带来个人的经济收入和接受教育机会的不平等，有时会造成严重的工业污染和自然环境的破坏。这种情况被称为没有发展的增长（growth without development），是值得发展中国家及地区借鉴和参考的。

但是，尽管如此，区域经济的增长依然是区域社会发展的重要前提。古人云，仓廪实而知礼节，衣食足而知荣辱。改革开放以前的中国社会发展的教训也告诉我们，不重视经济增长而只强调缩小"三大差别"和提高政治觉悟，最终也只能带来经济水平的落后、差距的扩大（如区域间经济差距）、自然环境的恶化（如工业城市的大气污染）以及社会风气的败坏（如当时的"走后门"盛行及服务态度恶劣等）。因此，经济增长虽然不是社会发展的充分条件，但却是其重要的必要条件。实现区域社会的全面发展，虽然不能只追求经济的增长，但也决不能离开了经济的增长。

（4）西部大开发需要法制化（基于2010年7月16日博客）

最近从国内媒体上读到一条新闻：中国政府近来召开会议，总结了实施西部大开发战略十年来的成果和经验，提出了今后十年深入实施西部大开发战略的总体目标和具体措施。关于这条新闻，日本主要报纸之一的《日本经济新闻》也做了及时的报道，其标题为《中国延长"西部大开发"十年》。

显然，日本媒体的报道强调"延长"二字，这可能与日本报界对中国的西部大开发政策是否会继续下去，从而给从事中日间贸易和投资的行业带来更大的实惠感兴趣有关。国内媒体的报道只字未提"延长"二字，要么是因为该新闻来源中本来就没有这两个字眼，要么是因为人们习惯了由政府来决定重大政策的延长或中止，不须媒体来确认和强调西部大开发延长的重要意义。

第一部分　经济发展及其课题

这样想来，我不禁杞人忧天起来。万一有人提出建议决定减缓或停止西部大开发战略，我们该如何去理解和接受？事实上，这种建议的提出也不是完全没有可能的。因为，十年来西部大开发政策已经取得了很大的成就。中部地区的崛起也需要大量的资金投入。东部地区目前的增长速度已经低于全国平均水平，也期待加强发展的力度。

使我担心这种建议会变成现实的最大理由是，西部大开发战略至今还没有一部《西部大开发基本法》作为保障。如果有一部这样的法律的话，西部大开发的基本理念、最终目标和实施方针等就可以以法律的形式固定下来。任何个人、团体以及地区都无法轻易地改变西部大开发战略的持续性实施。

写到这里，我想起自己知道一二的日本区域发展的法制化的情况。二次大战后的日本的经济高速增长开始于上世纪的五十年代中期，其区域发展的法律体系也在那个时期逐步建立完善。首先，早在1950年，日本就制定了作为其区域发展基本法的《国土综合开发法》，明确规定了区域发展的基本目标，强调制定全国和各地区综合开发规划的重要。

以后，随着日本经济的高速增长，产业布局的不平衡不断扩大，区域经济差距日趋严重。对此，日本在六十年代初制定了关于其九州·四国·中国·北陆等相对落后地区的《开发促进法》。同时，在调整区域产业布局方面，又先后制定了诸如《低开发地区工业发展促进法》（1961年）和《新产业都市建设促进法》（1962年）等法律，为缓和区域经济差距的扩大起到了积极的作用。日本的区域经济差距从那段时间开始下降和回落。

日本区域发展的法律体系还包括关于东京、大阪和名古屋等大城市地区发展的有关法律。如1956年制定的《首都圈整治法》、1964年制定的《近畿圈（即大阪地区）整治法》和1967年制定的《中部圈（即名古屋地区）整治法》。在包括上述关于大城市地区和相对落后地区的"整治法"和"开发促进法"的法律体系之下，中央和地方政府每隔五到十年都要制定和修改各地区的基本建设和整治规划，其法律

31

效力一直持续至今。

显而易见，日本区域发展政策的法制化，保障了其区域发展基本目标和主要区域发展战略措施的一贯性和持续性，从而促进了各地区经济的协调发展和区域经济差距的明显缩小。根据日本区域发展政策法制化的经验，我们不难得出结论：中国的西部大开发战略以及其他区域的发展政策也已经到了法制化的时候了。

(5) 改善城市交通拥挤的方法（基于2011年6月3日博客）

这个学期，在本科三年级的seminar上辅导学生阅读城市经济学的英语原著，让大家逐字逐句地把原文翻译成日语。最近阅读到城市交通一章，发现其中介绍的解决改善城市交通拥挤的政策和制度似乎也可供国内的大中城市参考借鉴，故将有关段落摘译如下。

其一：交通拥挤税的征收

现代科技的发展使人们可以有效和方便地征收交通拥挤税。采用汽车识别系统（Vehicle Identification System, VIS）的话，即让每辆汽车装上一台电子信号收发器。该收发器能使设在道路上的感应装置确认汽车的通过，记录下每辆汽车通过拥挤区间的次数，并在每月底把交通拥挤税的支付通知单寄给车主。比如，一位车主每月驾车20次通过10英里长的拥挤道路区间的话，就要每月支付交通拥挤税42美元（每英里每次收税0.21美元）。另一种方法是，为了避免个人隐私的问题，通过匿名的储蓄卡（debit card）对在拥挤道路上驾驶的行为进行收费。

新加坡是第一个用收费方式来控制交通量的城市。该城市在1975年实施区域执照系统（Area Licensing System，ALS），向驶入市内中心收费区域的车主每天征收两元的费用。该系统使交通量减少了约44%，并提高了行车速度。在1998年，新加坡又采用了电子道路收费制度（Electronic Road Pricing，ERP）。该制度通过储蓄卡收费，收费的高低根据道路拥挤的程度而不同。没有装备电子信号收发器以及车主储蓄卡中没有足够存款的汽车，将被拍下照片作为被新加坡官方称为"事后强制行动"的执行对象。

在多伦多，高速收费道路的使用者要根据使用的时间段和行驶距离支付不同的费用。每公里的收费标准为，拥挤高峰时间0.1加元，其他平时时间0.07加元，周末时间0.04加元。这里也采用汽车识别系统（VIS）来计算道路使用的费用。对于偶尔出现的未装备电子信号收发器的车辆，该系统将拍下其牌照的照片，并把支付通知单寄到车主的手中。

其二：高利用率车辆和收费车道的开设

有一种日趋流行的做法是，让汽车驾驶者接受使用高利用率车辆（high-occupancy vehicle，HOV）车道。所谓高利用率车辆车道，有时也被称为"钻石"车道或快速车道，是专门为高利用率车辆（通常定义为至少载有三人的汽车）设定的车道。允许高利用率车辆和愿意支付费用的车辆通过的车道，则被称为高利用率和收费（high occupancy and toll，HOT）车道。

最早建设高利用率和收费（HOT）车道是在加州91号线的Riverside高速公路。该公路连接洛杉矶的就业中心地区和奥兰治县东部的高速开发地区。利用高速公路中间地带增设的两条高利用率车辆（HOV）车道被改建为高利用率和收费（HOT）车道。收费标准因时间而不同，平时上午五至九时的收费最高（通过一次收费2.75美元）。使用该车道的每辆汽车需要在前方玻璃上设置电子信号收发器和开设一个可供收费的账户。改建高利用率和收费（HOT）车道，增加了原车道的交通量，其中的80%是支付费用的车辆。同时，改建也使91号线其他常规车道上的交通量减少和车速增加，从而给其他上班族带来了好处。

另一个高利用率和收费（HOT）车道的事例是在圣地亚哥的州际公路15号线。该车道是建设在高速公路中间地带上的八英里长的双向两车道，只可以从其两端驶入使用。每通过一次将被征收费用，其高低在 0.5 和 4.0 美元之间，具体金额根据通过时的拥挤程度而决定。通过车辆需要备有一个电子信号收发器和办完事先支付手续的账户。征收费用在上午七至八时和下午四至五时之间为最高。

上述这些近年来对交通拥挤征收费用的经验大有发展前途。道路使用者一般会根据成本的高低改变其使用的方式，从而减少交通量和提高交通效率。最常见的效果如下。（1）增加私家车的共同利用（2）改用公共交通工具 （3）增加高峰期以外的使用 （4）选择其他的道路途径 （5）减少交通利用的次数。

（摘译于 A. O'Sullivan, URBAN ECONOMICS, 7th Edition, pp.263-264, McGraw-Hill, 2009）

（6）防止"政府失败"的一个方法（基于 2012 年 5 月 11 日博客）

在以前写的一些文章中曾提到，市场经济体制优越于计划经济，但市场机制有时也会"失灵"。对此，人们一般期待政府进行行政干预。然而，政府的干预以及政府本身也有"失职""失策"的时候。对于这种"政府失败"，人们又提出和实践出许多有效可行的制度和方法。

这里，暂且不提那些广为人知的制度，仅介绍一个似乎在中国国内还鲜为人知的方法。这个方法叫做市民申诉员制度（citizens' ombudsman）。在国内网上查一下 ombudsman 这个词，几乎没有看到详细的解释和相关新闻。然而，这一制度在西方发达国家却已非常普及了。

所谓市民申诉员，是指由市民自发组成的、独立于行政部门的、具有对政府部门提出申诉和劝告权利的一种民间机构。该机构主要从事对由政府部门的政策措施及言行而引起的市民的不满和问题，向政府部门索取有关资料或提出公开有关信息的要求，对这些不满和问题进行调查分析，向政府部门提出改善的申诉或劝告。

这些申诉或劝告，不仅是以现有的法律及政府规定条例为根据，同时也可以依据某些社会的公共道德规范或市民的切身利益。从这点来说，该制度不同于一般的法律诉讼。另外，这些申诉或劝告，在有些国家还不具备法的效力，但在有些国家里也具有一定的法的制约力。

还值得强调的是，这里讲的市民申诉员与官方的申诉员不一样。在日本，日本政府中的总务省行政评价局（有点类似中国国务院审计署），是国际申诉员协会的正式成员。但是，该部门是政府的一个部分，严格来讲，不具有独立性和中立性。因此，在日本，该部门的职员一般不被看作是市民申诉员。

日本的市民申诉员组织，最早在1980年12月成立于大阪。其宗旨是，不参与任何党派组织，完全站在市民的立场上，监督政府和企业的言行。目前，全日本市民申诉员联络会议（www.ombudsman.jp）共有八十多个市民申诉员团体参加。主要运用信息公开、市民监督和市民诉讼等公民权力，追究政府部门和企业团体的有关问题。

据报道，该组织在九十年代中期追究日本政府部门中的公款请客和伪造公差的现象，迫使二十五个地方政府部门归还了三百亿日元的有关支出。2004年以来，该组织又申诉日本警察内部的擅自挪用公款的问题，最后使七个地方警察当局交还了十二亿日元被挪用的公款。

关于市民申诉员制度，我个人了解并不多，以前对其重要性还有点认识不足。早在九十年代中期，我看到身为经济学教授的导师经常在教学之余参加当地的市民申诉员活动，还去英国了解那儿的有关制度。现在认识到，他那时的行动一定基于现代经济学中关于"政府失败"的思想。相对独立于社会上众多利益集团的大学教师，适合参与这种市民申诉员的活动。

（7）核电站的效益和成本（基于2012年3月30日博客）

2011年3月，发生在日本东部的巨大地震和海啸造成福岛核电站放射性物质大规模泄漏，引起了日本乃至全世界对核电站潜在风险的高度警惕。核泄漏事件发生后，日本国内拥有的五十四座核电机组相继停机检查。现在唯一在运行的北海道的一座机组，也预定在五月初停机维修。

据报道，目前大部分的核电机组已完成检查维修的工作，并通过了日本核电安全部门的检验。考虑到核电站的长期停运会带来国内电力短缺和电费上涨，野田内阁准备派遣官员到各核电站所在地区说明安检结果，征求当地政府对核电重新启动的理解和同意。

但是，日本政府的这一打算却遭到了地方政府的反对。近日来，针对位于关西地区福井县内的两座核电机组欲重新开机的意向，其隔壁的京都府知事表示，福岛核电泄漏原因还未查清，现在就重新启动实属草率。其附近的滋贺县知事也声明，县内的琵琶湖是关西地区一千五百万人口的水源，必须确保不受污染。

就核电是否重新启动的问题，日本的中央政府和地方政府之间出现严重的分歧，主要有两个原因。一是政治体制上的原因。日本的所有地方政府的首脑均由当地居民直接选举产生，其言行和决策自然主要向当地选民负责，因而并不一定把中央政府的意向放在首位。二是因为中央和地方对核电站的效益和成本的认识不同。

中央政府及其核能专家可能认为，核电站的重新运行可以避免国内电力的不足和电费的上涨，因而可以保障国民经济的发展，具有巨大的经济效益。同时，核电站的运行成本不大，核泄漏的风险在经过一年的安检后得到了充分的对应。因此，核电站运行所带来的效益（benefits）固然要大于其成本（costs），核电重新启动是合理的。

然而，人们对效益和成本的认识和估计，是因人而异和因地而别的。核电站所在地区的地方政府和人民对待核电运行的效益和成本，自然有不同的看法。他们认为，核电站的停止运行所带来的电力不足和电费上涨并非头等大事。根据福岛核电泄漏事件所造成的深远影响，人们自然会感到，人毕竟不是神，再完善的人工设施也会出现意外。万一核电发生了事故，这可是性命交关和世世代代的问题了。从这个角度来讲，核电的成本是永远大于其效益的。

日本核电站能否重新启动，引人注目。日本围绕核电所发生的问题，使人们更加深入地思考，什么是核电站的真正效益，什么又是它的真正成本？这些问题，似乎与经济发展和环境保护哪个更重要的问

36

题密切相关。同时，这些问题，好像又和谁站在谁的立场为谁在考虑的问题联系在一起的。

（8）分配不公与外部经济性（基于2012年4月13日博客）

近二十多年来，中国初步建立了市场经济的体制，国民经济高速发展，经济实力日益提高。在此同时，中国社会的分配不公和差距扩大也十分严重，引起了国内外各界的密切关注。

这种分配不公和差距扩大，究竟是什么原因造成的？有一种颇具代表性的观点认为，其主要原因是中国实行了市场经济体制。因为市场经济鼓励自由竞争，其结果显然是弱肉强食和两极分化，即分配不公和差距扩大。

我认为，这种观点在推理上过于简单武断，只停留在事物的表面。事实上，市场经济所主张的自由竞争同时也是一种公平竞争。即参加竞争的人们，在所拥有的经济资源、运用的经济手段以及对市场的影响力等方面都应该是平等和相同的。这样的自由公平的竞争，一般来说，是不会带来过度的分配不公和差距扩大的。

然而，如果参加竞争的极少数人在拥有的经济资源等方面具有绝对优势，显然这些人很容易赢得竞争的胜利，获得超过平均的经济回报，从而造成整个社会的过度的分配不公和差距扩大，引起民众的普遍不满乃至社会的潜在不安。

我还认为，这种少数人拥有绝对经济优势的现象，与现代经济学中所说的外部经济性这一概念有密切的关系。所谓外部经济性（external economies），是指经济主体不直接通过市场的交换从其外部获得的经济效益。由于这种外部经济性不直接通过市场，受惠的经济主体不需要支付其代价，因而经济主体可以"不劳而获"地得到经济利益。

结合中国目前的某些腐败现象，可以较形象地说明外部经济性与分配不公的密切关系。比如，某地方政府的高官，其本人并没有参与本职工作以外的经济活动，但是他的妻子在某一企业担任重要职务或拥有自己的公司。这时，高官本人的地位和影响便向其妻子及其周围产生了巨大的外部经济性。

妻子所在的企业或拥有的公司可以很方便（即廉价或无偿）地获得重要的经济信息或经营开发项目。与高官及其妻子有一定社会关系（即亲戚或朋友）的个人或企业也可以通过向高官及其妻子赠送钱财或子女留学费用，获得高官及其妻子对他们的经济活动的支持和帮助。这样，高官的妻子及与他们夫妇有关的个人及企业（即极少数人）便很容易在市场竞争中取得优势并获得巨大经济利益。这种情况到处出现的话，就带来了整个社会的分配不公和差距扩大。

当然，我们也不能否定，外部经济性对经济发展确有重要的正面效果。比如，在某一区域经济中，不同的企业和个人集聚在一起，通过互相交流和互惠互利，产生巨大的外部经济性，从而促进整个区域经济的增长发展。但是，这种外部经济性如果仅仅局限于部分政府高官及其周围极少数个人和企业之间的话，就会产生上述的巨大负面结果。

为了限制这种仅仅发生在政府高官及其周围极少数个人及企业之间的外部经济性，人们需要严格实行政经分离，提倡政府高官的配偶不从事与经济有关的活动，公开政府高官的个人财产，同时加强司法部门和社会媒体对政府高官及其周围人士行为的检察和监督。这些制度法规的健全，无疑会有助于消除社会的分配不公和差距扩大。

第二部分 市场经济及其思考

4 "南巡讲话"与市场经济的发展

(1) "南巡讲话"二十周年（基于2012年1月27日博客）

这个星期一，人们迎来了热闹的龙年春节。记得1992年的春节期间，邓小平曾视察中国南方各地，发表了著名的南巡讲话（现又称南方谈话），到现在正好是二十周年。然而，最近读了一些国内网上的纪念文章，总觉得有点言不及意。故此杜撰小文，企图抛砖引玉。

我认为，邓小平南巡讲话的核心，是要求当时中国的各级干部不要动摇改革开放的决心，而要更大胆地加快改革开放的步伐。从以后中国发展的事实来看，南巡讲话之后，中国共产党和政府坚持了七十年代末以来的改革开放路线，并确立了建设社会主义市场经济体制的方针，中国开始进入了经济高速增长的时期。

由此可见，南巡讲话促使中国进一步深化改革和扩大开放，从思想上和实践上开始接受和建设市场经济的体制，结束了八十年代中经常困扰人们的关于"市场和计划，谁主谁辅""市场经济姓'社'姓'资'"的争论，从而使中国经济实现了国人梦寐以求的高速增长。

从这个意义上讲，邓小平的南巡讲话使中国选择了市场经济体制，这是非常难能可贵的。因为市场经济的体制历来就是一种非常有争议的社会制度。即使是在已实行市场经济制度的西方发达国家中，每当经济出现萧条或差距扩大时，总会有人出来指责这是市场经济体制带来的弊病。然而，同时也会有人挺身指出，这些问题恰恰是因为没有彻底地实践市场经济体制所造成的。

这种时候，整个社会的舆论和民意往往会一分为二，不知谁是谁非。南巡讲话的重要意义就在于，邓小平凭他在文革前后执政的丰富

39

经验和当时拥有的绝对威信，以发表谈话的方式，制止了当时中国社会出现的向计划经济倒退的苗头，促成中国高层领导人和整个社会接受和选择了市场经济的体制。

二十年之后的今天，中国似乎又到了一个要进行历史性选择的时刻。中国的经济已发展成为世界第二大经济实体。然而，社会各阶层的经济差距不断加剧，官僚腐败和环境污染等社会问题变本加厉。中国是应该放慢市场经济体制建设的步伐，强化国有企业的作用和政府对经济的干预？还是应该更加彻底地发展市场经济体制，并建立和健全与市场经济相配套的社会体制？中国又需要认真地思考和慎重地选择了。

然而，与二十年前不同的是，当时的改革开放"总设计师"邓小平，现在已不在了。在这种情况下，关于今后的改革开放方向，中国应该怎样作出今后经得起历史考验的正确选择？

(2) 市场经济理论的发展（基于2012年2月3日博客）

二十年前的邓小平南巡讲话，促使当时的中国开始接受和建设市场经济的体制，中国经济开始了真正的高速增长。二十年后的今天，中国又面临了是减缓市场经济建设的步伐还是更彻底地发展和健全市场经济体制的重大选择。

与二十年前不同的是，当时的改革开放"总设计师"邓小平已不在人世。在这种情况下，要作出今后经得起历史考验的正确选择，我认为，正确深刻地理解认识市场经济体制的优越性至关重要。关于这一点，这里提供一些个人的见解。

首先，从近百年来人类社会发展的实践来看，市场经济体制已经被证明是优越于计划经济体制的一种社会制度。中国开始实行市场经济体制以来和以前实行计划经济体制时代的经济发展的事实，雄辩地证实了这一点。此外，前苏联的解体和东欧各国的改制转型也说明了这一点，目前朝鲜国内经济发展的状况则提供了一个反面证据。

其次，现代经济学理论的发展，也论证了市场经济的现实可行性

40

和优越性。众所周知，早在十八世纪，英国经济学家亚当‐斯密（A.Smith）就提出"看不见的手"的概念，主张各自追求利益最大化的个人和企业通过市场竞争可以实现全社会资源的最优配置。

关于这种市场竞争的机制，法国经济学家瓦尔拉斯（L.Walras）在十九世纪建立了所谓一般（经济）均衡理论来严密地分析其性质。他指出，在 N 个商品市场中，企业和个人的供求数量都是各个商品价格的函数。市场竞争的结果，可以形成一种合适的价格体系，使得 N 个商品的供求数量达到平衡（即均衡）。

然而，关于这样的一种可带来供求平衡的（均衡）价格体系是否真能存在，瓦尔拉斯并没有给出严格的证明。到了二十世纪的五十年代，美国经济学家阿罗（K.Arrow）和德布鲁（G.Debreu）借助拓扑学中的不动点定理等高深的数学理论，完美地证明了上述均衡价格（体系）的存在且稳定并具有最优经济效益，从理论上论证了市场经济是现实可行且具最优的这一命题。他们两人因此先后获得了诺贝尔经济学奖。

写到这里，我不禁想起八十年代后期，自己在日本的研究生院学习和了解到一般均衡理论发展过程时所受到的震动。国外的经济学界都已经严格证明出市场均衡的存在了，而当时的国内还在争论市场经济姓"社"还是姓"资"！即使是现在，后者的争论似乎已经没有了，但是，国内对一般均衡理论的理解认识，似乎还局限在部分经济院系的高级微观经济学的课堂教学中，一般经济学院的教授似乎也不太知道市场均衡的论证方法。

当然，市场均衡（价格）的存在并不是没有前提条件的。比如，垄断企业的存在、供求双方拥有信息的不对称、外部经济性或非经济性的出现等，都会影响市场均衡的成立，甚至导致"市场的失败"。但是，正如人们对物理学定理的理解一样，现实世界中存在着摩擦，并不意味着牛顿三大定理就不成立了。现实经济社会中存在的上述现象，并不能否定市场竞争机制的存在及其巨大作用。

退一步说，市场经济的确有失去均衡的时候。但是，从近百年来的经济理论研究和社会实践中，人们还没有找到比市场竞争机制更优越的资源配置方式。从这个意义上来讲，人类目前除了走市场经济这条路以外别无选择，除非人类不想经济发展和发家致富了。

二十年前，当中国犹豫在"市场经济姓'社'还是姓'资'"等问题上时，邓小平发表了南巡讲话，以他丰富的经验和敏锐的直觉，终止了这些问题的争论，促成中国选择和接受了市场经济体制。现在，关于市场经济体制优越性的正确理解和认识，将有助于人们摆正对待市场经济体制的态度。

经过二十多年的市场经济的发展，中国已初步建立了市场经济的体制，经济规模已超过日本而居世界第二位。在这种情况下，如果只是像二十年前那样去对待和建设市场经济体制的话，显然不能从根本上解决目前存在的各种经济和社会问题。市场经济的发展，正在呼唤建设和健全一种成熟和完善的市场经济体制。

(3) 市场经济发展的前提（基于2012年2月10日博客）

邓小平南巡讲话以来的二十年里，中国沿着市场经济的道路高速增长，市场经济体制可谓初步确立。但是，人民群众对经济发展的要求和对根本解决各种社会经济问题的期待，呼唤着进一步发展和健全中国的市场经济体制。

从关于市场经济的经济理论的角度来看，进一步发展和健全市场经济体制意味着，改革和改善包括经济和政治各方面的社会制度，最大程度地发挥市场经济机制的作用，同时弥补和纠正市场经济机制的不足，使整个国民经济和社会得到全面和健康的发展。

关于如何才能最大程度地发挥市场经济机制的作用，我认为，应该根据关于市场经济的经济理论所揭示的市场竞争机制或市场均衡（价格）存在的前提条件，改革和改善各种社会制度，使之尽可能地满足和符合这些前提条件。

首先，根据关于市场经济的经济理论，市场均衡存在的第一个前提条件是完全竞争（perfect competition）。这一条件要求，市场经济中的各个经济主体不能对市场价格的决定持有明显的影响力，资源可以在产业间和区域间自由移动，各个经济主体能够公平地获得关于市场及价格的信息并可以自由地参加或退出市场的竞争。

由此可见，要让市场经济正常运作，必须控制和取缔垄断企业及个人的存在，减少和限制大型国有企业对市场的独占，改善户口制度对劳动力在产业间和区域间移动的影响，公开各种市场的信息和杜绝部分企业和官员对信息的独占和操作。

其次，市场均衡存在的第二个前提条件是市场普遍存在（universality of markets），即要求市场经济中的所有生产要素和产品的所有权及使用权所属分明，使用或消费这些所有权和使用权时必须通过市场支付其价格，同时，这些市场普遍存在，其中的交换或交易公正公平。

显然，这二十多年来，中国实行的对土地所有权和使用权的分离，对国有企业所有制的改革和明确企业产权所在，还有建立和培育包括资金和劳动力等生产要素在内的各种市场，都是有利于满足市场经济的前提条件的。但是，这些方面的改革只是刚刚开始，还需要进一步地拓展和深化。

再次，市场均衡存在的第三个前提条件是凸性环境的存在（convex environments）。该条件主要指市场经济中的企业的技术和消费者的嗜好均满足凸性条件（拓扑学用语）。一般经常提到的外部性和规模经济性，具有非凸性质，故对市场均衡存在有一定影响。这一条件的社会经济意义，还有待于今后进一步的读解。

以上写了关于如何才能最大程度地发挥市场经济机制的作用的一些意见。关于前面提到的，如何弥补和纠正市场经济机制的不足，我认为，我们既要知道市场经济机制的不足之处，也要理解弥补和纠正这种不足的方法以及这些方法所拥有的缺憾。这样的理解比较全面，可以避免主次不分及本末倒置。

(4) "市场失败"与"政府失败"（基于 2012 年 2 月 17 日博客）

邓小平的南巡讲话以来，中国的市场经济迅速发展。人们清楚地认识了市场经济体制的优越性，同时也看到了市场经济机制也有失灵之时。对于这些"市场失灵"，人们通常期待政府进行有效和有力的行政干预。有些干预的确卓有成效，然而有些则不然。人们从实践中又开始理解现代经济学中提到的政府失败（government failure）的含义。

关于"市场失灵"或"市场失败"（market failure），现代经济学中明确地指出其主要原因有两个。第一，用市场经济机制实现的资源配置，虽然具有最优的经济效益，但不一定是最公平的。特别是，在初期资源分配（禀赋）存在不平等的情况下，市场经济机制的作用可能造成更大的分配不平等。

第二，市场经济机制发挥作用的前提条件比较苛刻，有些在现实社会中不一定能够得到充分的满足。比如，有些产业具有规模经济性质，容易出现垄断现象，从而阻碍了企业间的完全竞争。有些资源或服务具有公共物品（public goods）的性质，因而不适合或不可能建立市场进行交换交易。

因此，在现实社会中，市场经济机制不是万能的，而是有其缺点和不足的，即可能出现"市场失灵"或"市场失败"的现象。对此，市场经济的发展，必然要求政府对其进行宏观调控和行政干预，以弥补和纠正市场经济机制的不足。

政府对市场进行调控和干预的内容可以包括，制定关于社会经济发展的长远规划，宏观调控经济增长和稳定物价，制定税收制度和调节收入分配，建立和管理各种市场和维持市场秩序，制定社会保障制度和维护社会治安，提供公共物品和公共服务，等等。

但是，上述政府的职能，在市场经济体制下，主要是为了弥补和纠正市场经济机制的不足，而不能取代市场经济机制的作用。从这个意义上来讲，政府的职能和作用应主要限定在宏观经济的领域，其对市场的干预方法也应该是间接性的和指导性的（即非指令性的）。市场经济发展的主角始终是广大的基层企业和人民群众。

更重要的是，正如市场机制有失灵的时候，政府也有失策失误的现象，现代经济学称之为政府失败（government failure）。一般来说，政府失败可以广义地解释为，政府部门在对市场经济进行宏观调控和行政干预时出现的低效率和欠公平的现象。

比如，政府对企业干预过多而造成经济缺乏活力，政府对经济建设的决策失误而造成重大经济损失，政府机构办事效率低下，干部提拔任人唯亲，政府官员腐败失职和寻租求利，政府部门权力过大和浪费严重，等等。

要避免和减少这些政府失败的出现，客观公正地选拔优秀人才作为政府机构的领导和工作人员，根据民意组建真正为广大民众服务的各级和各类政府部门，同时严格考核监督政府部门的办事效率和对经济调控干预的效果，极为重要。

显然，上述这些课题大多属于政治行政体制的范畴。从这个意义上来讲，改革和改善不适合市场经济发展的政治及行政体制，可以避免和减少政府在对市场经济进行宏观控制和行政干预时出现失策及失误，从而有利于市场经济的进一步发展。

二十年前邓小平的南巡讲话，促成中国开始接受和建设市场经济体制。二十年后的今天，要真正建立和健全市场经济体制的话，则需要认真思考如何改革和改善包括政治和经济在内的各种社会制度，使市场经济在中国得到更大的发展。

5 市场经济与计划经济

（1）市场经济思想仍需启蒙（基于2013年内11月15日博客）

记得在1990年博士课程毕业时，曾在同届中国留日博士生毕业纪念册上给后来的晚辈同学留言过这样一句话：如果是学理工科的话，请留心学点经济学和经营学。因为当时总觉得，中国留学生中读理工科的多，学经济学和经营学的极少，而有机会深入学习经济学中的市场经济思想的人则更少了。

45

现在，市场经济本身已在中国大陆得到了空前的普及和发展。人们自然会想象，关于市场经济的思想也一定被所有国人认同和理解了吧。然而，事实似乎并非如此。比如，现在有不少人把市场经济看作是造成目前分配不公等问题的罪魁祸首，有些人甚至还主张回到过去计划经济的时代。同时，在认同市场经济的人们中，也有过分强调政府以及国有企业作用的片面倾向。看来，关于市场经济的正确思想仍需花很长一段时间去启蒙和普及。

什么是正确的市场经济思想？这样的问题不是简单能够回答清楚的。这里只想比较一下理工科与经济学的一些基本思路的不同，来侧面议论一下这个问题。在高中学过一些数理化的人都知道，理工科主要研究自然界存在和变化的规律，是人类社会发展进步中非常重要的学科。

在理工科中，人们认识了自然界的规律后，还会考虑如何去改善或改造自然界，使之更好地为人类社会服务。其最基本的一个思想方法是，设定一个理想的目标或境界，然后创造发明出各种各样的技术和设备去实现或达到这一目标或境界。在这里，人的主观能动性很重要，人实现目标的手段及方法也必须是明确清楚的。

这种认识和改善现实世界的思想方法，在经济学中固然也很重要。特别是在经济个体的层面上，企业需要用具体的技术生产先进的商品，个人则需要用明确的手段去选择消费使自己满足的商品。然而，在总体（即包括众多企业和个人）的层面上，商品的供求平衡，即资源的配置，则不能靠部分个体及其利益代表来做决定，而只能由商品的市场或价格机制来调节实现。

在这里，即在资源的配置中，人的主观能动性不再很重要，有时反而会帮倒忙。客观存在的市场或价格机制则不可缺少。其调节商品供求的作用，一般看不见摸不着，故在经济学中也被称为"看不见的手"。这，便是理工科和经济学在思想方法上的最大的不同！从这点上来说，精通数理化的人，不一定能完全领会经济学中的"看不见的手"的道理。即使在经济学中，精通传统政治经济学的人，也不一定

46

能理解（微观）经济学中的市场机制的原理。

关于上述观点的最好的根据，便是前苏联的计划经济。当时的苏联，不乏数理化的天才以及诺贝尔奖的获得者，其在航天卫星等领域的成果让当时的欧美也相形见绌。然而，苏联长达七十多年的历史中，一直没有解决好人民群众的饮食问题。莫斯科百货商店里货架空空，老百姓购买黑面包的队伍长不见尾，是前苏联的经典画面。

前苏联的计划经济已成了过去。中国的市场经济已得到了空前的发展。然而，鉴于种种原因，在现在中国，人们对市场经济思想的理解，仍然存在着许多成见，偏见，误解和不足。在进入了二十一世纪一十年代的现在，我依然想说，如果你是学习理工科的话，请留心学点经济学（特别是阐述市场经济思想的微观经济学）。市场经济的思想仍然需要启蒙和普及。

（2）市场经济制度的功过（上）（基于2013年11月21日博客）

从上个世纪九十年代开始，中国正式开始导入市场经济的制度。到目前为止，市场经济在中国已经得到了空前的发展和普及。同时，市场经济的发展也带来了各种各样的经济和社会的问题。由此，人们对待市场经济制度的看法和态度，也大致一分为二。有的人赞成或肯定市场经济，有的人反对或否定市场经济。

如果详细考察一下赞成和反对这两种看法的根据及言论的话，不难可以发现，这两种看法均有一定的道理，同时也均包涵了一些片面和误解。首先，赞成市场经济的观点，显然基于市场机制可以带来资源的最优配置这一原理，但是对于政府与市场的关系似乎仍然存在着认识不足。其次，反对市场经济的观点，主要反应了市场机制存在容易导致收入分配不公这一缺憾，然而显然忽视了市场机制在经济增长中的重大作用。

正如赞成的观点所依据的，市场经济制度可以带来资源的最优配置，从而实现经济效率的提高和经济的增长。这一原理，也正好是反对市场经济的人们所严重忽略的地方。持反对意见的人们应该冷静客

47

观地认识到，市场经济制度的这一优点或功绩，已为现代经济学的理论以及近百年来人类社会发展的实践所证实了。

从理论方面来说，上世纪五十年代，以阿罗（K.Arrow）和德布鲁（G.Debreu）为代表的现代经济学家用高深的数学方法严密地证明了市场竞争中的均衡价格（体系）的存在以及均衡价格带来经济效率这一重要命题。阿罗和德布鲁因此功绩先后获得了诺贝尔经济学奖。这一命题正如普通物理学中的牛顿三大力学定理一样，现实中虽然存在诸如摩擦等不符合定理前提条件的情况，但是命题及定理依然在现实世界中客观地发挥着重要的作用，谁也否定不了。

再从实践方面来看，上世纪五十年代以来，实行市场经济制度的西欧各国及日本先后实现了战后的经济复兴和起飞，从而成为经济发达国家。七十年代以来，同样实行市场经济制度的"四小龙"国家及地区，也实现了经济的高速增长。还有，九十年代以来，绝大多数的计划经济国家都开始导入市场经济的制度以及改制转型，从而也实现了经济起飞。这些均证明，市场经济制度可以带来高度的经济效益和经济增长。

(3) 市场经济制度的功过（下）（基于2013年11月29日博客）

当然，市场经济制度也存在严重的缺憾或过失，主要表现在容易导致收入分配的不公平以及经济发展的不稳定。这一点，正是对市场经济制度持反对意见的人们的主要根据所在，同时也是赞成市场经济制度的人们所知道的事实。对此，现代经济学也毫不乱加否认或含糊其辞。

事实上，在微观经济学的标准教科书中，人们都能读到这样的命题，即在初期资源分配存在明显不平等的情况下，市场竞争的结果很可能造成资源分配不公平的进一步扩大。此外，市场均衡价格（体系）的存在和稳定的前提条件比较苛刻。比如，生产要素必须能够在产业及区域间自由流动，企业和个人不能干预市场价格的形成，等等。否则，在这些情况下，市场机制将无法发生作用，即产生市场失灵或

"市场失败"的情况。

对此，微观经济学的教科书中又都会指出，需要政府对市场进行宏观调控和行政干预。二次大战以来西方发达国家的经济发展经验证明，政府对市场经济调控和干预得合理妥当，是可以稳定经济发展和缩小收入分配不公平的。这一经验，需要对市场经济制度持否定态度的人们知道和理解。

同时，这一经验也需要对市场经济制度持肯定态度的人们进一步准确地把握和理解。这是因为，赞成市场经济制度的人们往往容易片面地解释政府对市场经济的调控和干预作用。比如，人们容易无意地夸大政府的作用，认为政府的政策总是正确的乃至政府可以取代市场。

然而，战后西方发达国家经济发展的实践又告诉我们，政府是不能代替市场的，政府的政策也会失灵（即政府失败）。政府失败的现象主要有，政府机关办事效率底下，政府官员无能失职或寻租腐败，政府部门权力过大和对经济干预过多，干部提拔任人唯亲，政府决策失误造成重大经济损失等。

在现代经济学中，上世纪六十年代形成了以经济学家布坎南（J.M.Buchanan）为代表的公共选择理论（Public Choice Theory）。根据该理论，政府的政策应该反映构成整个社会的企业和个人的总体利益，这些政策主要通过整个社会的投票获得最终的选择和决定。布坎南因其贡献在1986年获得了诺贝尔经济学奖。

由此可见，由于政府的职能和政策直接影响了市场经济制度的形成和完善，赞成市场经济的人们更需要关注有关政府及其政策制度的健全和完整。其中自然包括如何公正地选拔政府机构的工作人员，如何组建各级政府机构，如何制定和实施各种制度和政策，以及如何监督和考核各级政府机构及其工作人员等内容。

（4）Try again，计划经济？（基于2013年12月13日博客）

对于目前中国社会严重存在的分配不公和环境污染等问题，在网上看到的一种有点代表性的观点认为，原因在于实行了市场经济。持这种观点的人有时还会进一步主张，应该放弃市场经济，重新实行计划经济。有人还会解释说，中国以前搞计划经济没有成功，是因为受政治运动的影响。如果全心全意地搞经济建设，有计划的经济体制可以避免出现分配不公和环境污染。

对于这种观点，且不议论搞计划经济是否可能回避来自政治的影响，仅仅就计划经济体制能否带来经济发展这点而论，发生在上世纪中间的关于计划经济的实践及其争论，已充分否定了这一命题。如果知道这些历史事实的话，人们也许就不会再留恋计划经济了。

根据有关历史资料，在上世纪存在了七十多年的苏联曾一直设有一个"苏联国家计划委员会"，专门制定关于全国的长短期经济（规）计划。其中，长期规划即通常的五年规划，内容涵盖国家投资、产业发展、区域生产力布局等内容。短期经济计划的目的，是布置安排全国每年各部门的经济活动。计划委员会根据关于全社会各部门最终消费需求的预测结果，制定各部门的生产目标以及生产要素的分配计划。为了核算平衡各部门的投入与产出以及生产与消费，据说计划委员会要建立包括两万以上经济变量的联立方程体系并进行求解。

针对苏联的这种计划经济的实践，以哈耶克（F.v. Hayek）为代表的奥地利学派经济学家在上世纪三四十年代即作出了尖锐的批判。他们首先指出，计划委员会即使能够解开关于全国资源配置的巨大联立方程体系，也无法充分掌握建立这些方程体系所需要的关于所有经济个体的信息和知识。

他们认为，由于计划经济中不存在市场以及价格，政府的经济计划将无法得到及时准确的落实、实施以及必要的更正。因为没有东西能够保证成千上万的经济个体能按照计划指令生产和生活。从长远的观点来看，稀少紧缺的资源的价值无法得到客观正确的评价，从而也将无法得到最优的配置。

同时，他们更尖锐地指出，计划经济把关于生产和生活的信息以及资源配置的权限都集中在少数的政府部门，限制了劳动者和消费者关于职业选择和消费选择的自由。长此以往，权利的过分集中必将导

50

致政治上的独裁和专制（奴役）的出现。

哈耶克的这些观点，均阐述在他于1944年出版的《通往奴役之路（The Road to Serfdom）》一书中。现在看来，人类在二十世纪进行的关于计划经济的实践及其结局，基本证实哈耶克的这些主张和见解是正确的。哈耶克本人后因他关于经济、社会和制度的精湛分析于1974年获得诺贝尔经济学奖。现在依然留恋计划经济的人，或许最好读读《通往奴役之路》这本书。

（5）市场经济，Second best?（基于2013年12月20日博客）

学过一些现代经济学的人都会知道Second Best这个概念。顾名思义，Second Best意为次优或次善，即不是最优或最善。在现代经济学中，这个概念经常被用来说明某一公共政策或经营战略虽然不是最优但也属于次优，可以在一定程度上解决政府或企业遇到的实际问题。

一般来说，Second Best这个概念也可以用来评价市场经济制度本身。事实上，有些著名的现代经济学家在回答关于市场经济带来经济危机以及分配不公的批判时，往往只反问一句：还有其他比市场经济更有效可行的制度吗？！从这个意义上来说，市场经济不是能够解决所有社会经济问题的最优的制度，但却是仅次于这种人类似乎还没有找到的制度的Second Best。

在现代经济学中，由于市场机制已被证明可以带来最优的资源配置，依据市场机制的资源配置方式一般被认为是最优的（Optimum或First Best）。但是，现实社会里往往存在诸如生产要素无法在产业间及区域间自由流动等情况，故需要政府来干预市场。这种市场机制与政府干预结合的资源配置方式则经常被看作是次优的（Second Best）。

这种最优和次优的观点，同样可以用来评价市场经济这一制度的本身。首先，从能否完美解决人类所有社会经济问题的角度来看，市场经济显然不是最优或最善的制度。这是因为，市场经济实现最优资源配置的前提条件非常苛刻，同时市场机制还容易造成两极分化等。

其次，然而从目前是否存在比市场经济能够更有效和公平地配置资源的方式或制度的角度来看，市场经济的确是次优或次善的制度。在过去了的二十世纪中，人类曾经在理论上和实践中都尝试了照理应该比市场经济更优越的计划经济的制度，然而均没有得到成功。现在，实行过计划经济制度的国家大多已改制转型，极少数不肯承认这一事实的则依然停留在落后的经济发展阶段。

诚然，人类追求完美的好奇心不会停留在现有的认知水平上，社会的发展也不会只是墨守陈规或驾轻就熟。世界上的确还有不少人仍在探寻比市场经济更优越的社会制度，即寻找既不同于计划经济也不同于市场经济的所谓"第三条道路"。然而，目前似乎还没有获得重大的发现和进展。

从这个意义上来讲，作为 Second Best 的市场经济，说不定就是人类在现实客观的条件（包括现实世界的复杂性和人类本身的各种局限性）下的最佳制度选择了。用英国已故政治家丘吉尔评价民主制度的说法来表达的话便是，市场经济是一种最坏的制度，如果除去所有尝试过的制度之外的话。丘吉尔的原话为"Democracy is the worst form of government except all those other forms that have been tried from time to time"。

6 21世纪的经济差距

(1)《21世纪资本论》与经济差距（基于2015年2月13日博客）

最近，全世界的经济及经济学界在流行法国经济学家托马斯·皮克迪（Tomas Piketty）写的《21世纪资本论》（Le capital au XXIe siècle）一书。顾名思义，该书的题目参考了马克思所著《资本论》的含意。其主旨则是通过对18世纪工业革命以来以市场经济为主体的资本主义经济发展的分析，揭示财富分配不均所造成的经济差距的根本原因。显然，该书对西方国家有参考的意义，同时对已实行市场经济体制的中国也有借鉴的价值。

《21世纪资本论》是一部厚达数百页的学术著作（严格地说，是一部面向一般读者的较通俗易懂的学术著作）。在欧美出版上市后却很快就以畅销，引起了经济和经济学界的广泛关注。去年年底，该书的日文版在日本开始出售，也出现了同样的现象。最近，作者皮克迪本人也来日本促销，目前在日本主要媒体上到处可见有关他的座谈及其著作的评说。

在该书日文版的背后，刊登了许多世界著名的经济学家及经济人士的评语。如2008年获得诺贝尔经济学奖的保罗·克鲁格曼写到，说本书是这十年来最重要的经济学著作一点也不过分。微软创始人比尔·盖茨则称，希望作者的书吸引人们研究财富和收入差距的问题。

我是在最近才购入《21世纪资本论》的日文版的，准备日后慢慢仔细地阅读。这里只想简单写些对这部著作的初步感想，作为今后深入思考的起点。首先，关于该书为什么会吸引这么多非经济学术界人士关注的原因，我想主要与近年来在世界各地发生的经济差距扩大的现象密切有关。

记得几年前，在美国纽约曾经发生过持续了近半年的"占据华尔街"的事件。其主要的口号之一便是，反对仅占人口百分之一的人占有百分之九十九的财富。该事件发生在纽约的金融街区，也暗示着人们对现代金融经济的发展与经济增长及分配公平不相对称现象的严重担忧。

对此，数年后皮克迪出版的《21世纪资本论》中提供了很多学术性的根据。比如，在该书的一些图表中，作者揭示了美英等国的收入最上层百分之一的人们在总收入中所占比重自上世纪九十年代以来持续上升的现象。同时，作者又以丰富的数据估算出，自工业革命以来，许多西方国家的资本回报率一直高于经济增长率。由此推论，从事金融行业的少数人的收入增长远远超过从事其他行业的大部分人。

其次，关于中国及日本的经济差距问题，皮克迪在书中提到得不多，但是该书中有几张图表揭示了一些意味深长的事实。比如，关于日本经济的一张图表显示，日本的收入最上层百分之一的群体所占有所得的比重在二次大战之前高达18%左右，但战后基本处于8%上下的水平。另一张关于中国经济的图表表明，中国的收入最上层百分之一的群体所占所得的比重从上世纪九十年代的4%持续上升到了2010年的10%以上。因此，从这个意义上来讲，皮克迪的《21世纪资本论》一书对中国的财富分配不公及其带来的经济差距问题也同样敲响了警钟。

(2) 经济差距与革命及改革（基于2015年2月27日博客）

法国经济学家托马斯·皮克迪（Tomas Piketty）在其近年畅销世界的《21世纪资本论》一书中，回顾了18世纪工业革命以来世界经济的发展及经济差距的变迁，同时也提到了人类对经济差距认识的变化及由此产生的社会革命和改革的实践。读后感到有所启发和值得借鉴。

根据皮克迪的推测，18世纪的工业革命以来，以英法等国为代表的西方国家经济开始起飞，企业和个人的资本迅速积累，后者的速度远远超过了前者。由此产生了拥有资本的群体与其他群体之间的经济差距的扩大，带来了财富分配的不公和贫富的两极分化。

对此，当时人们还没有充分的统计数据及有效的科学方法进行客观的描述和分析。但是，生活在那个时代的许多文学家以文学作品的方式形象深刻地揭露了当时平民百姓的贫困生活。如英国作家狄更斯在1838年出版的小说《雾都孤儿》，法国作家雨果在1862年发表的小说《悲惨世界》等等。

在经济思想界，人们对经济差距的成因尝试过各种各样的探讨。马尔萨斯在1789年发表了《人口原理》一书，认为人口的急速增长和相对过剩是造成贫富分化的重要原因。李嘉图在1817年出版的《政治经济学及赋税原理》一书中指出，在经济增长中，土地资源将越来越稀有，因此地价将持续上升，土地所有者的地租收入将不断增加，他们所占有的所得比重会进一步扩大。

1867年，马克思出版了《资本论》第一卷，对当时的经济差距的原因提出了尖锐且影响深远的见解。他认为，这种经济差距的根源在于资产阶级对生产资料的垄断和对无产阶级的剥削。这种垄断和剥削将带来资本收益率的不断下降，从而引起资产阶级之间的激烈冲突和无产阶级的绝对贫困，最终导致世界革命的爆发，其结果是资产阶级的灭亡和无产阶级的胜利。

在介绍了上述关于经济差距的思想之后，皮克迪又重点说明了二十世纪中现代经济学对经济增长和经济差距的重要研究成果。其主要代表便是于1971年获得诺贝尔经济学奖的美国经济学家库兹涅茨提出的所谓"库兹涅茨曲线"。与二十世纪以前的经济学家不同的是，该曲线是库兹涅茨本人通过分析客观的统计数据归纳得出的结论。

他通过分析有关美国国民收入的长期时系列数据所提出的"库兹涅茨曲线"表明，一个国家内部的经济差距随着工业化和经济增长的开始而扩大（如十九世纪的美国），但当经济增长到一定阶段（如二十世纪前半叶的美国）经济差距将趋于缩小。"库兹涅茨曲线"意味着，经济差距是可以通过对社会经济制度及体制的改革（改良）得到改善而缩小的。

然而，皮克迪对现代经济学关于经济差距的解释仍不十分满意。他在《21世纪资本论》一书中运用更多更丰富的数据及分析揭示，上世纪九十年代以来欧美主要发达国家出现了经济差距重新扩大的现象。他还指出，通过对现有关于所得和资本积累及继承的税收制度的改革可以改善目前全球性经济差距扩大的问题。

（3）把缩小差距置于政策的核心（基于2015年3月13日博客）

法国经济学家托马斯·皮克迪（Tomas Piketty）所著《21世纪资本论》一书中有这样一个重要论点：把经济差距放回经济分析的核心。以此类推的话，在一个国家的经济政策中，应该把缩小经济差距和解决财富分配不公的内容置于其核心的位置。

关于缩小经济差距和解决财富分配不公的重要性，我们从18世纪工业革命以来的许多经济思想家的经典著作中可以深刻地体会到。

55

他们用不同的思想分析了现实社会中出现的贫富两极分化的原因，提出了用革命或改革的方式解决社会贫富不均的方针政策。虽然他们所处的社会和时代已与现在大不相同了，但是他们把缩小经济差距置于理论核心的做法依然具有重要的现实意义。

再从中国经济的现状来看，目前存在的巨大经济差距和财富分配不公的现象，已成为政府和民众十分关注的问题。根据最新统计数据，2014年中国城乡居民收入之比为2.75，全国居民收入的基尼系数为0.469。这两项指标均接近了国际上公认的警戒水平。因此，把缩小经济差距和解决财富分配不公置于国家政策的核心，可以说已至关重要和刻不容缓了。

当然，强调缩小经济差距并不意味着就不需要追求经济效率及经济增长了。反之，如何正确妥善处理好发展经济和缩小差距的关系非常重要。在这个问题上，中国曾经有过痛心的教训。记得在改革开放开始之前的计划经济时代，为了缩小所谓"三大差别"（即工农差别、城乡差别、脑力劳动和体力劳动的差别），中国曾经采取了限制工业、城市以及脑力劳动发展的制度政策。其结果是经济的衰退和差距的更加扩大。文化大革命结束时，国民经济已处于崩溃边缘，区域经济差距则达到1949年以来的最大水准。

事实上，在现代经济学中，追求经济效率（追求效率）和缩小经济差距（追求公平）是两大互相联系又互相矛盾的发展目标。在很多情况下，两者中只能得其一。即追求经济效率的话，就可能引起经济差距的扩大，而缩小经济差距，则可能牺牲经济效率。过去人们一般认为，计划经济重视公平而轻视效率，而市场经济重视效率但轻视公平。

然而，二十世纪中西方发达国家和原计划经济国家发展竞争的结果似乎证明，市场经济所实现的效率和公平均优越于计划经济。如何同时实现效率和公平，仍然需要更多的探讨和实践。不管结果如何，把缩小经济差距与追求经济效率一起置于国家政策的核心，显然是毋庸置疑的。

（4）日本如何对待经济差距？（基于 2015 年 3 月 27 日博客）

日本是一个国内经济差距较小的国家，这是世界上的一个共识。然而，最近法国经济学家托马斯·皮克迪（Tomas Piketty）出版的《21 世纪资本论》一书以经济差距为主题，却吸引了日本整个社会的积极关注。各地大小书店摆放着该书以及各种关于该书的解说和评论书刊，在野的民主党党首还接见了来日促销的作者本人。这一现象无疑与日本社会对待经济差距的姿态密切有关。

关于目前日本国内的经济差距，日本政府实施的民生调查表明，全国居民收入的基尼系数小于 0.3，城乡居民收入之比小于 2。与此相比。2014 年中国的居民收入基尼系数为 0.469，城乡居民收入之比达 2.75。来过日本观光的中国游客都会有这样的直觉：日本的农村与城市一样富裕干净，在北海道或九州岛照样可以从事与东京一样水平的生活和消费。

尽管如此，日本广大社会媒体和民众对国内的经济差距依然十分敏感。记得从上世纪的九十年代到本世纪初，日本的全国居民收入基尼系数好像上升了两三个百分点，便引起了媒体和学术界的激烈争论。人们认真地议论，这是否意味着经济差距在扩大，日本是否是一个充满差距的社会，应该采取哪些有效的政策来对付财富分配不公。

本世纪初，小泉纯一郎上台担任日本内阁总理，对日本经济进行了一系列的结构改革。在此期间，日本国内的非正式劳动合同就业人数迅速增加，带来了不同就业方式劳动者之间的工资收入差距的扩大。大多数在野政党认为，小泉的改革导致了这一时期的国内经济差距的增加，应该立即加以纠正。就这样，经济差距一直是日本国内朝野关注和争论的问题，由此产生了许许多多关于经济差距的政策法律。

事实上，早在战后日本的高速经济增长的初期，城乡经济差距一度扩大，大批农村人口涌入城市地区，对此，日本政府制定了以《全国综合开发规划》为代表的一系列的政策。这些政策的根本目标是要实现国土均衡的发展，其内容包括限制企业在大城市地区布局，促进中小产业城市的发展，在农村地区建设适合就业定居的园区等方面。

该《全国综合开发规划》从1962年开始制定以来，每隔五到十年就要根据时代变化的需要进行修改更新，到上世纪末之前共制定过五次。这五次规划的根本目标均为实现国土均衡的发展，即以缩小和控制区域经济差距为基本方向。由此可见日本社会对待经济差距的基本姿态。顺便提一句，中国自改革开放以来也曾有过制定类似国土规划的构想，然而至今仍未见出台。

综上所述，日本国内朝野关于经济差距的关注和争论，使政府部门有效持续地制定和实施缩小及控制经济差距的法律和政策。这种关于经济差距的姿态，从结果上保障了日本国内经济差距长期处于较小的水平。由此看来，目前日本社会对《21世纪资本论》一书的积极关注，仅仅是这种社会结构的一个反映。

7 城镇化与政府规划

(1)"新产业都市"与城镇化（基于2013年4月19日博客）

这个星期三，在给经济学院上百位大三以上学生讲授的区域经济学课上，介绍了日本战后的区域经济发展及其主要的区域发展政策。其中涉及到的日本在战后经济高速增长期间制定的"新产业都市建设促进法"，似乎与目前中国国内热门的城镇化议论有点关联。这里不妨作些介绍，以供参考。

日本的"新产业都市建设促进法"制定于1962年，前后正值其战后经济高速增长的鼎盛时期。该法的主要目的是为了防止大城市人口和产业的过度集聚，缓和区域间的经济差距，以及稳定各区域的就业水平。这些目的，似乎与当今中国关于城镇化政策目标的议论有很多相似的地方。

该法律制定以来，日本政府根据其中的规定，先后从除东京、大阪和名古屋这三大都市圈以外的区域中，选定了十五个地方开始建设"新产业都市"，企图以这些新都市为区域经济发展的中心，来实现国土均衡开发和国民经济发展的宗旨。

58

比如，日本东北地方中的仙台湾地区便是这十五个"新产业都市"建设的指定区域之一。其具体的发展方向定为，建设高层次的产业和科学研究中心，形成就业与居住相结合的国际开放性城市。根据以后的统计资料，该地区的工业产值和人口的增长指标，基本达到和超过了预想的目标水平。

我认为，对目前中国的城镇化政策来说，日本的"新产业都市建设促进法"所具有的参考价值主要有以下三点。第一，该法律对"新产业都市"的建设地区规定了明确的范围。即，新城市的建设必须符合该法律规定的基本目的，而不能无条件的在全国任意铺开城镇化的建设。从结果来看，日本的"新产业都市"的建设严格限制在十五个地方进行，有效地控制了城镇化的发展进程和对自然环境的负面影响。

第二，该法律与日本其他众多的区域发展政策一样，以国家税收政策为基本手段来实现政策的基本目的。比如，对来"新产业都市"建设地区进行投资的企业，政府实施对其税收的减免。同时，中央政府对"新产业都市"所属的地方政府增加财政交付和补贴，支持发行地方债券，补偿地方税收因减免出现的损失等。这种税收政策的实施，有利于防止政府对企业经济行为的过分干预和避免市场配置资源机制的扭曲。

第三，该法律，顾名思义，是用立法的方式规定了"新产业都市"的建设和发展，使城镇化政策具有法律约束性和持续稳定性。该法从1962年生效以后，日本经历了无数次内阁政府的更替，但"新产业都市"的建设方针未发生重大的变化。直到2001年3月，因规定的目标已基本实现，该法律通过正常的法律程序而宣告失效和终止。

(2)"列岛改造"与地价高涨（基于2013年4月26日博客）

四十多年前的1972年，对日本和中国来说，都是重要的一年。这一年，日本经过长期的经济高速增长，成为世界第二大经济实体。当时任日本政府通商产业省大臣的田中角荣，出版了《日本列岛改造论》一书作为其政治纲领，当选为自民党总裁并被选为内阁首相（即总理）。同年9月，田中成为二次大战后第一位访华的日本首相，与中国恢复了外交关系。

田中角荣在《日本列岛改造论》中主张，要改造日本列岛的国土结构，通过建设高速公路和新干线（即高铁）等全国性高速交通网络的方式，促进地方经济的工业化，从而解决经济高速增长所带来的区域经济差距扩大和环境污染加剧等社会问题。田中出任首相后，日本举国上下便出现了"列岛改造"的热潮。

在此热潮之中，各地的经济人士及国会议员积极展开建设当地交通网络的请愿活动。根据这些要求，日本政府运输省进一步扩大高速交通网络建设规划的规模，一举增加了十一条新干线的新建规划。与此同时，为了解决大城市的人口拥挤和农村地区的人口流失问题，全国上下大兴土木，在大城市里大规模地建设市内交通网络和居住设施，在农村地区建设中小型城市和布局工商业功能。

然而，就在"列岛改造"热潮兴起后不久，用来建设交通设施和城市建筑的土地供不应求，关于土地的垄断及囤积现象层出不穷，土地的价格因此而急剧上涨，住宅、商业及工业用地的价格指数均出现了比前年上升百分之二三十以上的现象。这样的地价高涨又引起了通货膨胀，1973年日本全国发生了物价高涨的社会问题。

就在此时，国际环境也发生了突变。第四次中东战争爆发，原油价格迅速高升，引起了第一次全球性石油危机。依赖于大量石油进口的日本经济，立即受到深刻的打击。国内物价普遍上涨。当时的电视新闻中出现了人们在超市抢购卫生纸等日常生活品的镜头。第一次石油危机后的日本经济，留下了战后第一次负增长的记录。

1974年12月，田中角荣因媒体和国会开始追究其资金来源问题而宣布辞去首相的职务。两年后，他又因在日本企业购买美国飞机的过程中有受贿的嫌疑而被日本警视厅逮捕起诉，他的"日本列岛改造"政策也开始淡出日本的政治经济领域。田中角荣在恢复中日邦交上留下了历史性的功绩，但是，他与金线的瓜葛不清使他在一般日本国民中却声誉欠佳。

现在回顾田中角荣的"列岛改造"政策，应该客观地肯定其积极的一面。即"列岛改造"政策通过建设高速交通网络和促进地方经济的发展，对日本缩小区域经济差距和改善生活环境做出了一定的贡献。但是，该政策却过分地依赖于土木工程等硬件设施的建设，在日本社会中受到了广泛的批判。

同时，以后日本经济发展的经验证明，仅仅通过城乡间交通网络的建设，是无法根本解决城乡经济差距问题的。这是因为，城乡间的交通网络具有"吸管效应"，它有可能把农村地区的人才和资源都吸引到城市地区去，因此反而更加加剧城乡间的经济差距。另外，即便是农村地区的交通网络的建设，也有可能过度促进城市的郊外化，带来城市中心地区的衰退和空洞化。日本的这些历史经验，需要人们在考虑区域经济政策时认真借鉴和汲取。

（3）区域发展规划的利与弊（基于2013年5月10日博客）

今天从中国国内网上看到一篇报道称，近来，为了发展各地的区域经济，中央和地方的政府部门纷纷推出了很多区域经济发展和投资规划。比如，《某经济圈的城镇体系规划》，《某省高速公路建设计划》，《某省重大项目投资计划》，《某地区经济与社会综合发展规划》，等等。

然而，从市场经济建设的角度来看，这么多的规划或计划，使人不得不联想起计划经济的有关问题来。换句话说，制定和实施这么多的规划或计划，会不会无形中过分地强化了政府部门对市场经济的干预？会不会无意中轻视或忽视了市场机制对实现资源最优配置的作用？

对于上述的担忧，参与制定这些规划和计划的学者及政府官员一定会解释说，这些规划和计划的制定都是以中国目前的市场经济体制为前提的，规划和计划的实施也主要依靠市场经济的手段，即这些规划和计划与以前计划经济时代的东西是根本不同的。

诚然，这样的解释是有道理的。同时，制定区域发展的规划或计划，的确也是有正当理由的。比如，规划或计划可以为区域经济发展确立长远目标和具体实现步骤，这样可以避免政府和企业的短期行为的影响和政策战略不连贯的现象。另外，规划或计划还可以促使政府和企业集中资源进行重点开发和建设，防止经济主体的资源分散和各自为阵等弊病。

但是，从发达国家以及中国以往的经验教训来看，区域发展规划或计划并非是十全十美的。首先，如上述的担忧中所写的，规划或计划的制定和实施，有可能无意识地强化政府部门对市场经济的过分干预。特别是，在中国目前还未完全建成市场经济体制以及与其相适应的社会体制的情况下，政府制定的规划或计划很容易被人们看作是政府的指令（即具有指令性计划的性质）。同时，政府的许多规划或计划的内容，往往主要通过政府相关企业（如央企或国企）付诸实施，因此，规划或计划的效率性和公平性原则很有可能无法得到保障。

其次，政府的规划和计划，有可能对政府部门和企业的投资行为产生误导的作用。关于这一点，日本和其他发达国家都有深刻的经验教训。由于政府制定的规划和计划很容易被人们理解为长期不变的既定方针，有关政府部门会因此策划出更具体的投资建设项目，企业则会为此冒巨大风险融资投资参与其中。然而，这些投资项目和投资行为，很有可能违背了市场经济的规律，从而引起政府部门负债过多，企业经营失败以及房地产价格高涨等重大社会问题。

此外，政府部门制定的规划或计划，是否真实反映了区域经济和当地民众的要求，也是值得注意的问题。现代规划科学的理论认为，政府的规划或计划如果只是由部分专家学者或政府官员制定的话，则容易存在脱离现实和民众要求的问题。因此，在规划或计划的制定和决定过程中，有无地方及民众的广泛参与以及是否得到了他们的赞成，决定了规划和计划是否具备公正性及实效性。从这个观点来看，中国的区域发展规划或计划，还存在着许多需要改良改进的课题。

（4）规划的公正性与可行性（基于2013年5月17日博客）

最近一个星期里，看到了好几个区域建设发展规划项目遭到当地民众坚决反对的报道，如上海松江的电池厂项目，昆明的中石油PX炼化项目。由此看来，区域经济发展的规划或政策，现在已不再是政府有关部门和部分专家学者制定出来就可以轻易付诸实施的东西了，其公正性和可行性已成为这些规划或政策的成败关键。

所谓规划或政策的公正性，是指规划或政策是否通过正常合法的程序制定产生并付诸实行，是否反映了实施对象地区广大民众的实际需要，是否得到了当地民众的赞成和同意。所谓可行性，以往通常指规划或政策是否具有科学技术依据和产生经济效益的可能。但是现在，可行性还意味着规划或政策是否具备得到当地广大民众理解和支持的可能性。

从日本等发达国家的经验教训来看，区域发展规划或政策的公正性和可行性成为其成败关键是有一定的背景和原因的。首先，随着经济的发展，人们的价值观一定会出现多样化的现象，其关心的重点将从经济收入转向环境质量。人们的自立精神和对区域及国家事务的关心及参与意识也将大大增强。因此，对于政府制定的区域发展规划或政策，人们自然要表达自己的想法和意见。

其次，随着经济的发展，政府制定的规划或政策的内容也越来越大型化、综合化和复杂化，其制定和实施势必越来越离不开实施对象地区广大民众的理解和支持。特别是，在以往的经济发展过程中，出现过很多区域自然环境遭到破坏和政府及其所属企业的失策失利（即现代经济学所称的"政府失败"）等现象，使得广大民众参与和监督区域发展规划及政策的意识更为高涨。

显然，在上述背景等情况下，区域发展规划或政策是否具有公正性和可行性，是其成败的关键。那么，区域发展规划或政策应该如何具备公正性和可行性呢？根据发达国家区域发展规划及政策的经验，最重要的是，建立健全把当地广大民众的意向和意见直接反映到区域发展规划或政策中去的法律制度。

这些法律制度中，一般包括当地民众可以针对区域发展规划或政策提出请愿、要求信息公开以及进行投票表决的内容。同时，在制定和实施区域发展规划或政策的过程中需要规定，制定和实施的政府部门必须及时公布规划及政策的详细内容，召开面向当地民众的说明会或听证会，事先听取当地老百姓的意见和反应。

目前，在许多发达国家中，为了保障和体现区域发展规划及政策的公正性和可行性，人们更倾向于当地民众直接参与（participation）区域发展规划及政策的制定及实施。如在规划或政策的制定过程中，客观和公平地选举当地民众的代表直接参加制定的工作，以保障当地民众的意向和意见在规划及政策中得到充分的反映，从而从根本上防止规划及政策在付诸实施时遭到民众的反对或抵制。

（参考文献）郑小平著、《区域政策的理论和实践》（第九章、区域政策的协调和决策）、（日本）大学教育出版社、2001 年（日语专著）

(5) 中央的规划与地方的想法（基于 2013 年 5 月 24 日博客）

听说中国政府正在制定全国性的城镇化规划，目的是想通过该规划的实施来实现新一轮的国民经济以及区域经济的高速发展。对此，地方政府及企业都表示积极响应和全力支持。但是，好像也有不少地方政府及企业，想借此机会得到国家及银行的大量资金，大兴一番土木建设。由此可见，国家的规划与地方的想法不尽一致。这种不一致，很有可能带来国家规划的目的无法得到完全兑现，甚至还有可能造成地方政府债务累累以及房地产泡沫积重难返。

从二战结束以来日本发展的经验教训来看，国家的规划与地方的想法的不一致是会经常出现的。比如，自上世纪六十年代初以来，日本政府曾先后制定过五次全国性的综合开发规划。这些规划虽然都属于指导性（即非指令性）规划，但对地方政府及企业的行为都产生了深刻的影响。这些规划对日本区域经济和社会的均衡发展作出了重要的贡献，同时也引发了许多令人深思的问题。

例如，在最先两次的全国综合开发规划中，日本政府为了缩小区域间的经济差距，提出了建设大规模高速交通网络的构想。在经济高速增长阶段的后期，这些构想纷纷得以实现，区域经济差距也得到了缓和。但是，在此过程中，也有不少地方政府及企业以综合开发规划中的构想为根据，动员大量人力和财力，过多地建设了许多地方交通和城市基础设施。这些设施使地方财政出现大规模的赤字，并使当地房地产价格过于高涨，带来了许多社会问题。

又如，在1987年制定的第四次全国综合开发规划中，日本政府提出用稳定居住和加强区域间交流的方式增加地方经济活力的构想，试图以此来实现建设多极分散型国土结构的目的。为此，日本政府还明确表明今后15年将累计投资一千万亿日元进行国土基础建设。该规划公布后，日本各地便掀起了地方经济建设的热潮。其中，建设度假村、高尔夫球场以及主题性游乐园的项目遍及全国。然而，到了九十年代初，日本的泡沫经济开始崩溃。各地建设起来的度假村和高尔夫球场均纷纷出现无人问津的现象，许多主题性游乐园也开始游客不足和破产倒闭。

九十年代后期，日本政府有关部门以及专家学者开始意识到，强调综合开发的区域开发规划已经不符合时代发展的要求。于是，1998年制定的第五次全国综合开发规划，在名称中去掉了"综合开发"四个字，改名为"国土基础设计"（National Land Ground Design）。同时，为了避免地方政府及企业的曲解，规划中不再明确表述具体的建设构想，也不再表明投资建设的总额。

更令人深思的是，该"国土基础设计"出台数年之后，日本政府索性取消了制定全国综合开发规划的制度。从此，制定过五次的全国综合开发规划宣告退出了日本区域经济政策规划的舞台。对此，不知目前正在盛行制定各种各样的区域发展规划的中国，从中可以得到什么启发？

（6）城市群的规划与市场（基于2013年5月31日博客）

在近年来国内关于城镇化的议论中，城市群的建设规划似乎占了不少的比重。我们经常可以听说，应该如何建设已形成的长三角、珠三角和环渤海三大城市群，应该如何打造发展中的长江中游地区城市群和属于西部地区的成渝城市群，等等。各种各样的规划及构想非常宏伟理想，但不知道是否充分考虑了关于城市群发展的市场经济规律？

一般来说，在区域经济中，企业及产业为了追求集聚经济效益，倾向于集中到区域内最大的城市进行生产活动。然而，一旦大量的企业及产业都集中到这些城市，交通拥挤及房地价高涨等集聚非经济效益就会急剧增加。于是，一部分的企业及产业就会迁出分散到区域内的其他中小城市以及区域以外更合适的地方。

这样，在市场机制的作用下，企业及产业在大中小城市之间会形成一定格局的分布。城市群中的大中小城市之间也将互相形成一定的关系。因此，城市群的形成和发展，是依据一定的市场经济规律的。显然，重视及符合这些规律的城市群建设规划，就会成功。反之，忽视及违反这些规律的规划，就会失败。

关于这一点，日本东京地区的城市群发展的经验教训，也许有些参考意义。战后日本经济高速增长以来，东京地区形成了巨大的现代城市群。其中心城市为东京都的市区部分，周围有横滨、千叶、琦玉、八王子等中小城市。整个地区的面积约13000平方公里，人口约3200万人，是世界上最大的城市群之一。

由于经济高速增长带来的人口和产业向东京市区部分的过度集聚，东京地区的城市群在上世纪八十年代出现了严重的所谓一极集中的现象。每天上下班高峰阶段，大量的工薪族从周围的中小城市涌向东京都的23个市区，交通运输十分拥挤。同时，市区的地价房价变得十分昂贵，自然环境的质量则相对下降。

对此，日本政府在八十年代后期曾经制定过一系列的改造东京城市群的规划。其中一个有代表性的构想是，建设一个多中心的城市群。即把集中在东京的中心商务区（CBD）功能分散到横滨、千叶、琦玉等周围中等城市，并以这些城市为中心形成各自的都市圈，从而达到改善东京一极集中问题的目的。

为了实现这一规划构想，日本政府投资建设了许多连接东京中心市区与周围中小城市的交通网络，也动员安排了许多政府机构从东京市区迁至周围的中等城市。然而，时隔二十多年，建设多中心城市群的构想至今尚未实现。每天依然有成千上万的工薪族涌向东京市区去工作，市区中心的地价房价仍然居高不下。

现在再来看一下当时规划的内容，就不难发现规划中没有深入考虑企业及产业在市场经济中的运行规律。建设多中心城市群的构想，从公平配置资源的角度看，的确十分理想和完美。但是，公平并不是所有企业及产业追求的目标。在市场经济中，企业及产业更注重追求经济效益（效率）。因此，只考虑公平的目标而忽视市场的规律的区域发展规划，在市场经济中是难以得到实现的。

（7）城市规划与"泡沫经济"（基于2013年6月7日博客）

几个星期前，大学老同学Y君夫妇来日本旅行。接机后驶出关西机场（大阪南部）时，看到高速公路边有一栋56层高楼，便作了一些介绍。这栋高楼叫Rinku Gate Tower，建于1996年，耗资659亿日元。根据当时的城市规划，附近原来还要建设一栋与其相对称的高楼，构成一对双子楼，互相用空中通道连接，同时作为关西机场入口处的象征性建筑物。但是，由于九十年代初的日本泡沫经济的崩溃，建设资金出现不足，只有一栋建成，在海边鹤立鸡群地俯视着关西机场。

类似这些在经济景气的时候规划建设的大型城市建设项目，在东京和大阪等大城市还有许许多多。但是，这些城市建设项目，在以后的经济不景气时期，特别是泡沫经济崩溃之后，大都中途挫折，不了了之，给当地政府和企业及个人留下了巨额的债务及经济负担。

以上述Rinku Gate Tower为例，深究一下其建设的经纬，我们可以了解一些城市建设规划与泡沫经济之间的关系。根据有关资料，该大楼规划于上世纪的八十年代。当时日本的经济正处于顺利发展的阶段，东京股市和房地产价格均在持续攀升之中。该阶段后来被经济史家称为泡沫经济时代，然而当时预料到泡沫会崩溃的人却区区可数。

当时的大阪地方政府和房地产企业看好了正在填海建设中的关西机场，制定了建设机场临近城市（Rinku Town）的规划。其中，包括该大楼的双子楼是重要的标志性建筑物之一。人们预想，机场开张后一定有大量的人流和物流出现在机场附近，双子楼肯定能够获得巨额的楼面租金收入。

在这一预想的基础上，人们开始投资购置土地和建设高楼。为此，大阪地方政府与房地产企业共同出资成立有限股份公司，以政府的信用和企业的技术获得了巨额的政府预算和银行贷款，并准备在双子楼建成后共同经营和利用其楼面资源。

然而，九十年代初，日本的泡沫经济开始崩溃。股市和房地产价格的大幅度下跌，使企业的效益恶化以及政府的税收减少。关西机场附近的双子楼的建设规划出现了严重的资金不足。结果是，只有其中的一栋大楼按照原规划建成开张，规划中的双子楼变成了"独子楼"。

不仅如此，"独子楼"的楼面租金收入从开业以来也一直处于低调状态，经营上几乎每年赤字。到了2005年，大阪地方政府和企业共同出资成立的开发经营公司，累计赤字463亿日元，不得不宣告破产。该大楼的产权仅以45亿日元的价格转让给了其他企业团体。2012年，香港的新龙国际集团买单30亿日元成为其业主。

一般来说，在经济发展比较顺利的时期，不管个人还是企业，不管地方还是中央，人们都倾向于期待经济的进一步的增长，并以此为前提制定和实施各自的发展规划（包括城市建设规划）。然而，这种期待的共振及整合，极其容易使人们的规划超越实体经济的基本状态（economic fundamentals），从而促使泡沫经济的形成和膨胀。从这个意义来讲，人们的规划中需要专列一章，认真考虑好规划受挫时由谁来买单的问题。

8 关于土地财政经济

（1）土地财政经济的问题（基于2014年2月28日博客）

这个星期里，有机会与来自中国国内D大学财经专业的教师及博士生进行了一些学术交流。其中涉及到了目前中国许多地方政府通过大批出让土地使用权来获取财政收入及发展区域经济的问题。这种区域经济的发展模式，可以称之为"土地财政经济"，目前已出现了很多经济和社会的问题，到了决定何去何从的时候。

我认为，这种"土地财政经济"产生的主要原因，并不在于中国改革开放以来实行的一系列地方财政分权化的政策，而在于现行土地所有及使用制度和地方财政制度中的严重缺陷及不完善。这种"土地财政经济"的问题，在美国及日本的区域经济发展中几乎看不到。因此，要彻底解决这类问题，研究和借鉴这些国家的一些体制及制度非常重要。

从表面上来看，"土地财政经济"似乎可以解决区域经济发展的部分财政来源，从而促使区域经济GDP的增长。但是，土地出让的收入在很大程度上取决于宏观经济以及房地产市场的走势，严格来说不是稳定和可持续性的经济发展源泉。前一段时间发生的国际金融危机以及国内对房地产价格的宏观调控，已对各个地方的"土地财政经济"产生了深刻的影响。

此外，"土地财政经济"极其容易引起区域经济中的房地产价格的高涨，从而造成广大居民购房租房的困难。在开发土地和出让土地使用权的过程中，又很容易出现缺乏统一规划，破坏自然环境及侵害居民权益的问题。目前各地经常发生的耕地减少，环境污染，以及围绕强制拆迁所产生的地方政府与居民的对立冲突事件，显然与"土地财政经济"有一定的关联。

关于这种"土地财政经济"模式产生的主要原因，有一种观点认为，与地方政府拥有的财政权限过大密切相关。自九十年代中期的分税制改革以来，中央政府通过一系列的地方政府分权化改革，赋予了地方政府较大的财政自主权。根据我参与的实证研究表明，地方财政分权的确有利于区域经济的快速增长。（见参考文献）

因此，"土地财政经济"产生的根源，应该与现行土地所有及使用的制度以及地方财政制度中的严重缺陷和不完善有更密切的关系。比如，目前各地的土地所有权属于公有，其使用权的出让基本由地方政府全权决定。因此可以想象，地方政府可以轻而易举地通过出让土地的使用权来获取财政收入及发展区域经济。又如，在目前的地方财政制度中，仍然存在地方政府首脑可以最终决定财政收入及支出的重大项目，而不受到地方人民代表大会等机构严格制约的情况。

在探讨"土地财政经济"的改革方向时，我认为，应该认真研究和借鉴一些西方发达国家的地方财政制度的长处。在美国及日本的区域经济发展过程中，没有出现过类似"土地财政经济"的问题。这显然是因为，在这些国家的土地及地方财政制度中，存在着限制地方政府随意出让土地及决定财政收入支出的机制。

（参考文献）Chu, Jian and Xiao-Ping Zheng(2013) "China's Fiscal Decentralization and Regional Economic Growth". Japanese Economic Review, Vol.64, No.4, pp.537-549. (doi: 10. 1111 / jere. 12013)

(2) 土地财政经济的改革（基于2014年3月7日博客）

目前，中国国内的许多地方政府都在以大批出让土地使用权的方式获取财政收入及发展区域经济。这种区域经济的发展模式，可以称之为"土地财政经济"，但已产生了很多的问题。如何改革这种经济发展的模式？从现代城市和区域经济学的理论中也许可以得到一些启示。

在上世纪六十年代以来依据微观经济学发展起来的现代城市和区域经济学中，有一个被称为亨利－乔治定理的著名理论。该理论认为，在城市或区域的人口达到最优规模时，地方政府的公共支出总和等于该地方的地租总额。根据这一定理，地方政府不宜以出让土地获得的收入维持地方财政，而应该靠征收土地租税来解决公共支出的财源。

上述亨利－乔治定理可以这样来解释。在一个城市或区域经济中，产生的总产值通常全部用于个人消费和公共支出上。如果该城市或区域的人口规模达到最优状态，进入及离开该城市或区域的人口应达到动态平衡。这也意味着，该城市或区域经济产生的纯利润将趋于零。（如果纯利润大于或小于零的话，人口就会不断增多或减少。）

由于城市或区域经济产生的纯利润一般是总产值与工资总额及地

租总额之差，纯利润为零则意味着总产值等于工资总额和地租总额之和。这里再假设人们的工资总额均用于其个人消费的话，公共支出总和便与地租总额相等了。（有关严格的推导证明，参见文后的参考文献。）

亨利－乔治是美国十九世纪末的著名经济学家和社会活动家。他主张单一征收土地租税并用之于政府的公共支出，同时废除其他税收，从而实现社会财富分配的公平。上述公共支出总和与地租总额相等的关系，正好与他的主张一致，故被命名为亨利－乔治定理。

现代城市和区域经济学的研究，不但推导出了地方公共财政支出总和与地租总额相等的关系，而且也揭示了该关系成立的重要条件，即地方人口规模达到最优状态。反过来说的话，如果地方公共支出总和没有与地租总额相等的话，地方人口规模也将不可能实现最优状态，即劳动力资源在区域配置上没有得到最优化。

由此可见，现代城市和区域经济学中的亨利－乔治定理含义非常深刻。目前中国国内相关的研究领域中，几乎还没有人提及这一定理。当然，这一定理的成立需要有一些假设条件来支持，而这些条件不一定在现实世界中都成立（就像物理学定理中没有摩擦等条件一样）。针对中国目前盛行的"土地财政经济"，亨利－乔治定理提醒人们，应该建立健全根据地价（地租）的高低征收土地租税的制度，并把这些土地租税收入作为重要的地方公共支出的财源。

（参考文献）Arnott, Richard J. and Joseph E. Stiglitz (1979) "Aggregate Land Rents, Expenditure on Public Goods, and Optimal City Size". Quarterly Journal of Economics 93 (4): 471-500.

（3）孙中山的平均地权思想（基于2014年3月21日博客）

前文中提到，在现代城市和区域经济学中推导出来的亨利－乔治定理，对中国改革现行土地利用制度有参考意义。事实上，一百多年前，亨利－乔治关于征收土地租税及实现分配公平的观点，对中国近代革命的先行者孙中山先生所倡导的平均地权思想也产生过深刻的影响。

根据中国现行的法律，土地属于公有，但其使用权可以出让及转卖。但是，在实际操作上，各地公有土地的使用权出让，基本处于地方政府有关部门的垄断控制之下。地方政府期待出让带来较多的财政收入，容易引起土地使用权出让价格的高涨，从而促使其他房地产价格也大幅度上升，带来严重的财富分配不公等社会问题。从这个意义上来讲，现在重温一下孙中山先生的平均地权思想，具有重要的现实意义。

孙中山先生提出的平均地权的思想，是其实现三民主义中的民生主义的重要纲领之一。其主要含义包括，（一）国家制定土地法及地价税法等土地利用的法律体系，（二）私有土地由地主报价，国家就价征税，必要时依价收买，（三）国家给佃农以土地，资其耕种。

由此可见，平均地权的基本思想可以解释为，耕者应该有其自己的土地，同时，土地所产生的财富应该通过税收等方式回收归公并公平地分配给民众。换句话来说就是，民众应该对土地拥有平等的权益。当然，这种平等的权益，是通过土地国有化方式还是土地私有化方式来实现，即使到现在，人们还没有达到意见的统一。

从中国现代史上的实践来看，中华人民共和国成立时，为了改变农村土地所有上的不公平现象，政府实行了土地改革，使广大农民拥有了自己的土地。然而不久，为了提高农业生产的效率，政府又开始推行建立农业生产合作社和土地集体所有制。与此同时，在城市经济中实行的社会主义改造，使绝大部分的房地产所有权均成了公有。

这种对土地资源的公有化，似乎彻底消除了财富分配不公平的根源。然而，经过以后二三十多年的实践，人们开始意识到，农民的劳动积极性却大大减小了，城市中的社会基础设施和住房建设也已停滞不前了。其重要的原因之一便是，土地的产权没有明确落实到农村和城市的劳动者身上，即耕者无其田，用者无其地。

于是，中国开始了对包括土地所有制在内的一系列的制度改革。八十年代初，在农村开始实行联产承包制，把土地的经营权承包给了农民。从八十年代末开始，在城市实行了土地所有权与使用权的分离，把土地的使用权有偿转让给了土地的使用者。实践证明，这些制度改革给现代中国带来了巨大发展和变化。这是谁都能有目共睹的。

从某种意义上讲，上述制度改革是向平均地权思想境界接近的几次重大飞跃。然而，"革命尚未成功"，平均地权的理想依然没有实现。在农村，"三农"问题普遍存在，农民对手中承包而来的土地资源仍然不能做长期及最优的打算。在城市，房地产价格居高不下，造成了有房者与无房者之间的财富分配极度不均。在地方财政方面，不少地方政府过分依赖于土地使用权的出让收入，加剧了耕地减少及环境破坏等社会问题。

在考虑解决上述社会问题时，认真研究和参考孙中山先生的平均地权思想非常重要。根据平均地权的思想，可以考虑把目前实质上委托给地方政府官员全权裁决的土地权益收回交还给土地的实际使用者。同时，也需要探讨建立健全根据土地价值征收租税并将其公平地再分配给一般地方居民的制度，等等。

（4）关于公有地悲剧的理论（基于2014年4月3日博客）

1968年12月，美国生物学家哈丁（Garrett Hardin）在美国的《科学》期刊上发表了一篇题为《公有地悲剧》（The Tragedy of the Commons）的文章（注），引起了全世界自然科学家及社会科学家的重视。该文章尖锐地指出了以土地为代表的有限自然资源在属于公有的情况下会趋向枯竭这一悲剧的可能性，成为现代"公有地悲剧"理论的经典文献。

面对中国目前许多区域经济中存在的耕地减少、环境污染、盲目开发和地价高涨等现象，"公有地悲剧"的理论敲响了提醒人们重视和从根本上寻找改革方案的警钟。现在想来，改革开放之前中国的城市和农村经济的许多问题，都可以用这一理论来解释。如今，在思考如何进一步深化改革开放的时候，"公有地悲剧"的理论依然值得认真研究和借鉴。

哈丁所揭示的"公有地悲剧"的道理，可以用草地和牧民的故事来形象地解释。设想有一块面积有限的草地属于一群养牛牧民共同所有的情形。一般来说，每个牧民都想多养几头牛以便增加经济收入。由于这块草地是属于公有的，他们一般不会考虑养牛过多会带来怎么样的结果。于是，牧民放养的牛不断地增加，草地则越来越不够供牛食用，最终导致草地枯竭和牧牛饿死的悲剧。

用经济学的一些基本概念来解读的话，上述"公有地悲剧"的产生是因为草地的产权（property rights）没有落实到牧民的身上，因而使得牧民没有真正成为自负盈亏的经济法人。即牧民只想到增加牧牛头数可以提高收入，而不考虑这还会带来因草地资源相对减少所造成的成本增大。长此以往，这块草地上产生的收入势必无法支付其所消耗的成本，最后反而带来"草尽牛亡"的结局。

回顾一下现代中国发展的历史，人们不难会发现，改革开放之前的城市和农村经济的许多问题，都可以用"公有地悲剧"的理论来解释。在那时的农村里，所有生产资料都归集体所有，农民没有了劳动积极性，更不会主动关心集体的资源如何保护和利用，农业生产一直满足不了人民温饱生活的要求。在城市里，房地产及社会基础设施均属于公有，尽管因人口增加所产生的利用需求非常之大，但常年无人积极地去投资和建设。住房及市政设施，一直处于供不应求和陈旧落后的状态，到改革开放时已欠债累累，积重难返了。

改革开放以后，农村实行了土地经营联产承包，城市开始了土地所有权与使用权的分离，使土地资源的产权开始在一定程度上落实到了实际使用者的身上，从而产生了巨大的经济效益。然而，目前许多区域经济中普遍存在的耕地减少、环境污染、盲目开发和地价高涨等现象似乎在提醒人们，上述的改革还不彻底，"公有地悲剧"的现象及隐患依然存在。

由于农村和城市的土地资源的产权还没有彻底落实到实际使用者的身上，农村的耕地极其容易被转化为城镇化或工业化的用地，众多城市及农村的土地极其容易被一些地方政府的有关部门无计划无秩序地用于开发建设，从而极其容易造成周围自然及生活环境的破坏和污染。这些违背市场经济规律的盲目开发建设，又极其容易引起房地产价格的高涨，从而更加加剧社会所得的分配不均。总之，现在到了借鉴"公有地悲剧"等理论，思考研究如何建立完善资源最优配置机制及制度的时候了。

（注）Hardin Garrett (1968) "The Tragedy of the Commons", Science, Vol.162, pp.1243-1248.

9 上海自由贸易试验区

（1）上海"自贸区"与区域发展（基于2013年9月20日博客）

今年八月，中国政府正式批准在上海设立自由贸易试验区。其范围包括位于上海浦东地区的外高桥保税区、外高桥保税物流园区、洋山保税港区和浦东机场综合保税区等四个海关特殊监管区域，总面积约29平方公里。该自由贸易试验区的面积虽小，但可以看作是中国新一轮经济改革开放的开始。

上海自由贸易试验区，将进一步加大自由贸易的力度，其结果会带来该试验区所在地区的贸易成本的大幅度下降。根据最新的空间经济学的研究成果，在中国这样一个同时拥有较发达的沿海地区和欠发达的内陆地区的国土空间里，沿海地区的贸易成本的下降，有可能带来该地区的新一轮经济增长，从而引领内陆地区以及整个国民经济的进一步发展。

众所周知，中国改革开放的初期，在东南沿海地区设立了经济特区。九十年代初，沿海地区开始了经济高速增长。在沿海地区率先实行的改革开放政策，使这些地区开始建立市场经济的体制，大大减低了从事市场经济和国际贸易的成本，从而使这些地区率先实现经济的高速增长。

进入二十一世纪后，在沿海地区试验成功的改革开放的经验相继普及推广到广大内陆地区，使这些地区也开始了经济起飞。五年前发生的世界金融危机使沿海地区的经济首当其冲地受到严重的影响，区域经济的增长出现了西高东低的局面。沿海地区的经济不再领军内陆地区，整个国民经济的增长速度也开始下滑。

显然，如果要重振沿海地区的领军地位，需要在沿海地区进一步深化和展开改革开放的政策，即实施新一轮的经济改革开放。最近设立的上海自由贸易试验区，则可以被看作是新一轮经济改革开放的标志。在这里，政府将鼓励促进高度自由的产品进出口及制造加工，实施人民币的自由兑换，改善和优化政府部门对经济的监管服务。这些，无疑将大大降低该试验区所在地区的贸易成本。

关于贸易成本的下降对区域产业集聚及经济发展的作用，目前在经济学和地理学领域里流行的空间经济学已有经典性的论述。但是，这些经典性的论述是建立在区域经济相互对称（即区域拥有相同的人口规模和贸易成本）的假设条件上的。要把该论述应用到像中国这样一个同时拥有较发达的沿海地区和欠发达的内陆地区的所谓非对称性国土空间，需要对其假设条件作重大的修改。

在最近登载出来的空间经济学研究成果中，Wang and Zheng（注）在这方面作了一些有意思的尝试。他们的分析结果显示，沿海地区的对外贸易成本的下降，在沿海与内陆地区间的交通成本较高的情况下，会带来沿海地区的产业集聚及经济增长。这即是上海自由贸易试验区的设立可能给沿海地区带来的经济效果。

然而，与空间经济学的经典论述不同的是，他们的分析结果还指出，在沿海与内陆地区间的交通成本较低的情况下，沿海地区的对外贸易成本的下降，既有可能带来沿海地区的产业集聚，也有可能带来内陆地区的经济增长。两者发生的可能性，取决于开始时产业的区域分布状况。

不管怎么说，上海自由贸易试验区的设立，是有可能对沿海地区的经济发展起到巨大促进作用的。根据中国经济发展三十多年来的经验，沿海地区的改革开放和经济发展，势必传播普及到内陆地区及整个中国。从这个意义来说，中国的区域经济能否进入新一轮的发展，将取决于这些自由贸易试验区的试验是否能取得成功。

（注）Wang, Jian and Xiao-Ping Zheng (2013) Industrial Agglomeration: Asymmetry of Regions and Trade Costs. Review of Urban and Regional Development Studies. Vol. 25, pp.61-78. (doi: 10. 1111 / rurds. 12008)

（2）上海"自贸区"是否偏小了？（基于2013年9月27日博客）

　　最近在上海浦东新区设立的中国（上海）自由贸易试验区（简称上海自贸区），由位于新区内的外高桥保税区等四个海关特殊监管区域组成，总面积约29平方公里，仅占浦东新区面积的百分之五。此外，从地图上可以发现，这四个区域分散在新区内，在空间上还没有形成一体化的格局。

　　上海自贸区的设立，标志着中国新一轮经济改革和开放的启动。但是，其规模如果偏小，有可能影响规模经济效益（scale economies）的实现和改革开放功能的有效发挥。其在空间上的过于分散，则有可能不利于试验区内企业间的交流合作，从而影响试验区内的集聚经济效益（agglomeration economies）的形成以及对区域经济的辐射带动作用。

　　根据媒体的报道，上海自贸区将试行有关金融、贸易、物流等领域的进一步的开放政策。比如，金融领域即包括利率汇率的市场化，金融业的对外开放和产品创新（如离岸业务等）。同时，在行政监管方面，将尝试管理、税收、法规等方面的制度创新，实现自贸区内人与物的高效快捷流动等。

　　由此看来，上海自贸区包涵涉及了多种多样的产业及企业，其设立的基本目的是要实现高于其他地区的经济效益，实践创造先进有效的市场经济的制度和经验。因此，要达到这些基本目的，在面积上形成可以发挥规模经济效益的规模，在空间上形成可以产生集聚经济效益的一体化格局，非常重要。

　　记得在上世纪九十年代初，上海的浦东新区成为中国第五个经济特区，开始实施领先于其他地区的改革开放政策，使上海经济恢复了在八十年代曾一度失去的领先地位，成为九十年代全国经济高速增长的龙头。这一成功的经验，显然与浦东新区拥有五百多平方公里的面积，即容易发挥规模经济效益这一事实有密切的关系。

再从上海自贸区的空间格局来看，目前分散在四个区域里的产业及企业，在从事现代经济活动中，互相之间需要进行密切的交流与合作。这些交流与合作，一般需要通过人与物的流动得以实现。如果这些人与物所在的区域之间存在着不属于试验区管辖的地区，由于这些地区实行的经济体制不同于试验区，势必严重影响试验区区域之间的人与物的高速快捷的流动，从而制约试验区经济效益的提高。

从这些观点来看，上海自贸区中的四个区域，拟在空间上实现一体化，即把这些区域之间的地区均包括到自贸区之内。这样，既可以有助于自贸区内产业及企业的空间集聚，又可以增加自贸区本身的规模，从而有利于自贸区产生巨大的规模经济效益和集聚经济效益，使自贸区更好地发挥改革开放的功能和对区域经济的辐射带动作用。

(3) "自贸区"与经济及社会等问题 (基于2013年10月4日博客)

最近中国（上海）自由贸易试验区的挂牌成立，标志着中国新一轮经济改革和开放的开始。据国内外媒体报道，除了上海自贸区之外，国内还有很多地区也都在探讨和申报成立类似的自由贸易试验区，如广东、福建厦门、浙江舟山、山东青岛、天津、辽宁大连、重庆等。不难想象，这些自由贸易试验区的实践和展开，将推动中国经济的进一步改革开放，有利于现有国民经济和区域经济问题的有效解决。

根据最近公布的上海自贸区的总体规划，自贸区内将允许民营企业与外资共同开办银行，国内银行可以开展离岸业务，合资旅游企业可以展开国外旅游业务，外资企业可以单独开设娱乐场所和医疗机构，部分开放外资企业的网上服务，等等。显然，这些措施将进一步搞活自贸区内的经济，使所在地区的经济得到进一步的发展。

然而，上海自贸区的这些改革开放政策的对象主要是经济问题，而不是社会问题。正如中国政府领导人在今年3月的全国人民代表大会期间所指出的，随着经济的发展，中国社会出现了分配不公、诚信缺乏、贪污腐败以及环境污染等问题。这些问题涉及的范围极其广泛，急需考虑更有针对性的方法来对应解决。

当然，人们也注意到，这次上海自贸区的建立还包涵了以开放倒逼改革的意图。也就是说，在自贸区里实行进一步的对外开放，从而对应其所带来的问题来改革现有体制中不适合进一步开放的规章制度，最终实现制度创新的目的。这样的话，自贸区内的进一步开放和改革，有可能产生一些先进有效的社会管理制度，从而有利于上述社会问题的彻底解决。

（4）"自贸区"及特区的重要意义（基于2013年10月11日博客）

据国内媒体的介绍，近日刚成立的中国（上海）自由贸易试验区被称为中国新一轮改革和开放的"试验田"，将大胆试验有关金融、贸易以及行政管理方式的改革开放措施。从这个意义来讲，上海自贸区是设立在上海浦东的新的经济特区。特区，再次成为中国实行改革开放的重要手段，其意义的确非同小可。

设立特区，即在一个国家中设定一个特殊的地区，在其中实行或尝试与其他地区不同的制度和政策。如果实践得出了真理，便可向其他地区普及推广。如果实践失败了，也可以将其负面作用局限在特区之内，防止其影响到其他地区乃至整个国家。由此可见，设立特区，是治理国家的安全有效方法，可以用来解决各种经济社会的问题。

中国的改革开放，可以说是从八十年代初设立深圳等四个经济特区开始的。后来，改革开放的总设计师邓小平曾感叹说，那时应该把上海浦东也考虑进去。九十年代初，浦东成为第五个经济特区。以后，在这些特区中经实践得到验证的市场经济的制度和政策在全国大多数地区普及推广，使中国经济实现了高速增长。

然而，随着这些制度和政策的普及推广，全国大多数地区都先后建立了相同的制度和政策体系，沿海地区则失去了以前所拥有的制度和政策的优势。这成为沿海地区失去领军全国经济发展的一个重要原因。因此，要恢复沿海地区的领军作用，使中国经济的发展更上一层楼，需要在这些地区进行制度和政策的创新。其安全有效的方法，便是设立新型的经济特区。

这种安全有效的方法，现已普及到了其他国家。例如日本，安倍晋三再次上台后，便提出要成立一批"国家战略特区"作为安倍经济政策的"第三支利箭"，使日本经济恢复增长。目前，安倍内阁正在从基层募集特区方案，准备在这些特区中大胆改革现行制度，提高企业的国际竞争力，吸引全球的资金和人才，通过技术革新提高生产率，充分发挥地方经济的多样性和创造性。

还值得强调的是，设立特殊地区的方法，不仅适用于解决经济问题，也同样可以用来对应社会等问题。比如，在西方发达国家的大城市里，通常会用城市规划的法律或行政条例限制某些成人娱乐设施布局在一定的街区里，同时规定在这些街区里不能开设中小学等教育文化设施。又如，在包括中国在内的许多国家里，都设有特定民族的自治区域，实行不同程度的民族自治。这些特殊地区的设立，与经济特区均有异曲同工之处。

由此推论，中国的一些社会问题，也可以考虑用设立特区的方式尝试解决的途径。如城市与农村的户口问题，土地的所有权与使用权的问题，乡镇政府行政领导人选举的问题，等等。有关这些方式的尝试和实践，将有利于分配不公、诚信缺乏、贪污腐败以及环境污染等问题的根本解决。

第三部分 城市和区域纪行

10 中国的城市和区域

（1）武汉：神奇的地方（基于 2009 年 11 月 3 日博客）

10 月 24 日至 28 日，我应邀去湖北武汉参加一些学术研究交流活动。短短几天的逗留，让我对湖北和武汉留下了深刻的印象。武汉市内外的道路交通有点拥挤，使我想起十来年前在上海乘车时的感受。从个别统计数据来看，武汉的经济好像比上海等沿海大城市要落后一些。但是，就同以前的上海一样，一旦市内外的高速公路和地铁修建完成，城市及其周围的经济将有一个巨大的飞跃。

久闻湖北武汉是我国中部地区的特大城市。初次踏上这块土地一看，果然名不虚传。武昌、汉口、汉阳，三镇鼎立。万里长江，浩浩荡荡，贯穿而过。千湖之省，山光水色，碧波荡漾。武汉附近，有东坡赤壁和荆州古城，使人联想起三国英雄逐鹿中原的时代。溯长江而上，湖北的西部，有三峡大坝、神农架和武当山。天然景色，得天独厚，美丽风光，举世无双。

再看看武汉市内，自然和人文名胜，更是不胜枚举。浩瀚的东湖，比故乡杭州的西湖要大好多倍，一望无际，气势宏大。湖边磨山，楚韵丰蕴。三千年前的楚国文化，绚丽多彩。高耸的黄鹤楼，屹立在长江之畔。历代文人墨客，为之留下了无数的千古诗篇。楼下附近，还有著名的武昌起义纪念馆。九十八年前，这里打响了推翻大清王朝的第一枪，中国迈出了走向共和的第一步。

湖北武汉，对我个人来说，也充满了神秘和传奇的色彩。以前听父亲讲，祖母祖上姓熊，是湖北汉阳人。祖父年青时从浙江瑞安到武汉做学徒习手艺，与祖母结婚，在汉阳生下父亲。后来祖父祖母带父

81

亲回到瑞安，后来又到上海定居下来。祖母生前一直带有湖北口音，还经常会讲"我们湖北"怎样怎样。要是早知道湖北武汉如此神奇，以前在上海读大学时，真应该详细问问她老人家，老家具体在汉阳什么地方，祖上是做什么的，等等。这些疑问看来是难以找到解答了。所以，湖北和武汉对我来讲，永远都是神奇的地方！

(2) 沈阳：关东第一重镇（基于2010年8月20日博客）

上周末，利用在大连教学的休憩时间，到沈阳旅行了几天，了解了位于山海关外的"关东第一重镇"的光辉历史，也看到了这座历史文化古城的最新发展动向。

从大连坐火车沿沈大铁路北行大约五六个小时即达沈阳。据说这条铁路原为沙俄帝国在中国修建的东清铁路的一部分。1904年日俄战争后，被日本人接管并改称为"南满铁道"，其名字至今在日本仍家喻户晓。现在从大连到沈阳还需要花五六个小时，有点出乎我的预料。根据我个人的经验，三个小时是短途旅行的乘车极限。超过了这个时间，人们旅行的需求就会大大减小了。

从沈阳火车站出站，看到的是一片人来人往和熙熙攘攘的景象。这种景象在国内其他大中城市的火车站前都可以看到。好像日本在上世纪六十年代的经济高速增长时代，东京的上野车站前也是如此。从沈阳车站驱车去入住的饭店，一路上看到许多高楼大厦拔地而起，大型的建筑工地也比比皆是。来接的朋友介绍道，沈阳市内还正在修建地铁，东西方向和南北方向各一条，很快就要开通了。这又让我回想起在九十年代初上海市内所看到的相同景色。

沈阳市内有两处举国皆晓的历史名胜。其一便是沈阳故宫。那儿曾是满清王朝入关统一中国之前的皇帝宫殿。其规模虽然没有北京故宫的大，但却拥有不少在北京故宫看不到的特点。比如，其最主要的宫殿之一为大政殿，是清朝入关前皇太极商议决定国家军政要事的地方。造型呈八角形状，颇有一些蒙古包的风格。再如，凤凰楼后的内廷部分是皇太极时期后妃们居住之处，其地势高于皇帝办公的崇政殿。

82

传说这与满族人喜欢建房于高处以便于瞭望和守卫有关。有人称之为"宫高殿低"，与北京故宫的"殿高宫低"正好相反。

沈阳市内的另一处名胜，就是张作霖和张学良父子的张氏帅府了。帅府的办公楼为欧洲风格的建筑，而张家居住场所为中国式的四合院。详细观看府中的陈列和介绍，不仅可以进一步了解张氏父子的传奇一生，而且对清末民初东北及全国的一些史实和社会状况也可以有一些意外的知晓。如张作霖曾任民国初期北洋政府的末代国家元首，后来成为张学良夫人的赵四小姐的故居仅与帅府隔窗相望，等等。

参观了沈阳故宫和张氏帅府，给我最深的印象是沈阳及东北给中国近代和现代社会的巨大深远的影响。原来位于东北地区的满清王朝，入关以后统治了中国二百六十八年之久，给近代和现代的中国留下了深深的烙印。而从东北闯荡起家的张作霖父子，对清末民初的中国影响深刻，他们的一生可以说是当时中国社会的缩影和写照。

沈阳之旅，的确不虚此行。它让我更进一步地了解了中国近代和现代社会发展的历史，它又使我看到了沈阳作为"关东第一重镇"的未来发展潜力。

（3）走马观花看天津（基于2010年9月10日博客）

前天来北京参加一个关于区域科学的国际研讨会。会议之前有些时间，便在研究生及其朋友的陪同和帮助下，到久仰盛名的天津旅行了一天，参观了目前国内外注目的滨海新区，也走马观花地观看了天津的市容。

天津距离北京只有一百多公里，利用高速公路只需一两个小时就可以到达。于是，我们便在昨天上午十点驾车出发，沿京津唐高速公路直奔天津。一路上，运载集装箱或轿车的大卡车争先恐后，川流不息。幸好没有遇上较长时间的交通堵塞，正午时刻便到天津滨海新区。

该区位于天津东部沿海，为环渤海经济圈的中心地带。近几年来，中国政府把天津滨海新区定位为继深圳经济特区和上海浦东新区后的又一带动区域经济发展的增长极。该区以天津港为基础，计划建设拥

83

有中心商务，高新制造，临港工业和物流，滨海旅游和生态性城市等功能的新型综合开发区。

新区的规划面积达两千多平方公里，海岸线长153公里，常住人口二百余万人。这些指标都超过了上海的浦东新区。而且，这里的部分地区曾是以前的高新技术开发区，九十年代已开始筹划建设并初具规模。在规划展览馆里，看到中心商务区摩天大楼的模型高高耸立，有点让人怀疑其实现的可能性。但是，回想起十几年前在上海浦东新区也看到过同样的情景，故开始期待，不久的未来，又一个浦东将出现在天津的滨海一带。

参观了滨海新区，我们又驱车前往天津市内。由于天色已晚，我们只能简单看看主要的几个街区。使我印象深刻的是，市区里的城市再开发工程已经基本完成。高楼大厦，比比皆是。商贸设施，应有尽有。街道结构和交通秩序略有混杂，许多地方在拆旧更新或修建地铁车站。

市区内的几处历史建筑景点非常耀眼夺目。五大道租界区保存着上世纪二三十年代建成的英法德意建筑风格的花园式房屋。这与上海黄埔江边的万国建筑颇有相似之处。此外，意式风情区内，建筑优美，露天式咖啡厅意趣盎然。这与上海市内著名的观光景点新天地小区相比亦毫不逊色。

在滨海新区和市内街区看到的一切，使我进一步感受到天津发展的巨大潜力。近代史上外国文化的影响和城市资本的积累，九十年代以来的改革开放和经济建设，都为天津今后的经济飞跃提供了优越的条件。加上最近中央政府对天津的高度重视和巨资投入，将来天津经济赶上或超过上海，也并非天方夜谈。

带着这样的印象，我们在夜幕中驱车赶回北京。没有想到的是，在京津唐高速公路上，被卷进了一个长达十几公里的交通堵塞行列之中……

（4）北京回来论迁都（基于2010年9月23日博客）

上周去北京出差近一个星期时间，公私双方都收获巨大。这里，基于自己的专业爱好，只想议论一下北京的迁都问题。这些年去过北京的人都知道，那儿的交通堵塞已经成为北京最有名的现象之一了。特别是到了上下班高峰时间，整个城市车轮滚滚，拥挤不堪。不少大道车多为患，寸步难行。

与交通堵塞一起成为北京另一个著名现象是，高昂的房价。且不说城市中心的黄金地段，现在连北京边缘的地方，一般公寓的价格也已涨到了每平方几万人民币以上，使一般市民只能望"楼"兴叹，无能为力。另外，北京的严重缺水、环境污染、沙尘泛滥、文物破坏等现象，也引起了社会的广泛关注。

我认为，上述各种现象，虽然有其宏观微观、长期短期的各种各样原因，但北京的人口规模和经济活动过于集中过于庞大，已经达到或超过自然和人文环境所能承受的程度，已成为其最根本的原因了。那么，到底是什么因素造成北京的人口规模和经济活动过于集中庞大的呢？

根据现代城市经济学的理论，城市的出现和发展，一般由以下四个因素所造成。（1）非移动性生产要素（如矿产、水和土地资源）的不平衡分布。（2）规模经济的存在（生产规模越大则平均生产成本越小）。（3）集聚经济的存在（多种多样的经济活动的集聚带来交通和信息成本的下降）。（4）公共设施和政府部门的布局（为经济活动提供信息和方便）。

那么，北京的人口和经济活动的过渡集中又是其中哪些主要因素所造成的呢？我个人认为，首都功能（中央政府部门）的存在是一个不可忽视的重要因素。因为，在中国转型中的经济体制下，中央政府部门负责的公共投资和参与的经济活动在国民经济中仍然占很大比重，同时，中央政府部门提供的正式和非正式的信息对民营企业的经济决策具有决定性的作用。庞大的首都功能的存在，势必吸引过多的经济功能在首都所在城市集中。从这点来讲，将一部分或全部首都功能

（即中央政府部门）迁出北京市中心地区，将有利于减少人口和经济活动的规模，从而缓和和解决交通堵塞、房价高昂、环境污染、严重缺水以及文物破坏等问题。

不仅如此，从健全市场经济体制的角度来看，北京迁都也有利于改革区域空间上的"政经合一"。改革开放三十年来的经验已充分证明，政治功能和经济功能的合二为一，在微观经济和宏观经济层面都是弊大利小的。这一道理，在区域空间也依然成立。特别是在区域空间上，政府与企业的空间距离越近，两者之间的正式和非正式的来往和瓜葛也越密切，严重时会有违于政经分离及公正清廉的原则。

诚然，政府功能和经济功能的正常交流可以促进经济的发展。但是，对于中国这样一个国土辽阔的国家来说，国家级的政治功能和经济功能在空间布局上的合二为一，其正常的交流也会过分有利于所在城市的经济发展，从而造成该城市的经济规模过大和其他城市的规模相对过小，即带来过密型城市（区域）和过疏型城市（区域）的同时出现及其之间的经济差距的扩大。因此，从缓和和解决北京的各种城市问题的角度，以及从进一步改革中国经济社会体制的角度来看，北京迁都的问题都是值得深入广泛探讨研究的。

（参考文献）郑小平（1999）"日本的迁都构想及其启示"《世界地理研究》第8卷第1期第37-44页（中文论文）

(5) "梅花"考核大连（基于2011年8月12日博客）

8月7日来大连用中文讲授计量经济学，没想到九号台风"梅花"也接踵而至。8日，其中心到达山东半岛东部。气象台预告，不久她将在大连和丹东之间的沿海登陆，大连则有可能遭受这次台风的直接袭击。

早上打开电视，得知大连市政府已发出紧急通知，要求各部门做好防台防灾工作，并希望市民不要轻易外出，以免遭遇意外事故。再看看天气，只见浓厚的雨云笼罩市区，阵阵强风将时稠时稀的雨点飘打到高层酒店的玻璃窗上。山雨欲来风满楼。我便决定上课延迟一天开始，并通知了要来听课的学生。

于是，8日一天几乎都呆在了酒店客房里，一边备课，一边注意着电视和网络上的新闻报道，担心第二天能否雨过天晴。从电视和网络上看到，"梅花"的接近，给大连的市政和经济带来了很大的威胁。换句话说，"梅花"好像是在"考核"大连近来市政建设和经济发展的质量。

我看到市中心的主要街道上，市政部门的公务员堆起了一道道由沙袋构成的防水小堤，以阻止雨水汇入低洼街区。我也看到大批的公安交警站在主要街道冒雨指挥交通，确保道路畅通。这些努力和付出都是可敬可佩的。

不过，电视和网络上也如实报道了不少市政建设和经济发展上的质量问题。比如，有不少主要街道雨水无法顺利排泄，出现了水漫金山的现象。又如，大连金州开发区的防潮堤坝被冲垮，附近一家化工厂区内的大量剧毒化工产品有随海泄漏的风险。幸好有关部门及时抢修围堵堤坝，使这一可怕的风险没有成为现实。然而，这样一家化工厂为何布局在离大连市区仅20公里的地方？引起了广大市民的议论和关注。

上述这些现象，也可以说，是台风"梅花"的"考核"所揭示出来的大连市政建设和经济发展上的质量问题。"梅花"无情地提醒人们，中国城市经济中还有许多市政建设的工作要做，还有很多"功课"要补。中国城市经济的发展中，还存在着许多经受不起自然灾害考验以及容易危及人民群众生命财产的地方。

在从微观经济学中发展起来的现代城市经济学里，有一条著名的亨利—乔治定理（Henry George Theorem）。其含义是，一个城市实现资源最优配置时，城市政府的公共支出总额与该城市的地租总和相等。在中国的城市经济中，城市政府的公共支出总额虽然已经不小了，但是仍然不能与现在高涨的房地产价格（总和）的水平相比。由此可以推断，中国的城市经济还远远没有实现资源的最优配置。

如果上述推断是正确的话，我认为，相对于高涨的房地产价格

（总和）的水平，城市政府对于作为其本职范围的市政工程建设的投资显然是过小了。特别是，中国的大中小城市中，政府对上下水道、公营住宅以及防火防灾措施等市政工程建设的投入是远远不够的。这也是台风"梅花""考核"大连市政和经济建设的质量问题时所揭示的一个令人深思的课题。

（6）哈尔滨旅行纪实（基于2011年8月19日博客）

上周末结束了在大连的教学工作，便利用周末的时间去了一次哈尔滨。从大连乘飞机前往，途中只要飞行一个半小时的时间。飞机又是较新型的空中客车320，清洁且舒适。机票是来大连后通过携程旅行网预定的。订好后不久就有人送票上门，其方便程度可谓与国际接轨了。

到了哈尔滨太平机场后，叫了一辆出租车去市内入住酒店。车子飞驰在通往市区的高速公路上，两边是一望无际的松嫩平原。时为中午，气温好像接近三十度。司机似乎不愿开空调，车内有些闷热。大概一个小时后，车到酒店。一路上的新鲜空旷之感，似乎是在大连机场与市内的路上感受不到的。

入住的酒店就在哈尔滨的标志性街道—中央大街的北端。办完入住手续后，便从北向南开始散步。中央街道现为步行街，全长1.5公里，路面由无数十分见方的石块镶嵌而成。这种老式方石马路，在中国其他城市中也很罕见了。大街两边都是欧式或仿欧式的建筑物，汇集了欧洲文艺复兴、巴洛克、折衷主义及现代等建筑风格。走在中央大街上，略有走在上海南京路上的感觉。但是，这儿的建筑高度整齐雅典，店铺和行人秩序井然，好像又与南京路不一样。

到了中央大街的南段，再向东走两个街区，便是著名的圣‐索菲亚教堂。其洋葱头式的顶盖使人联想起莫斯科红场上的建筑物。教堂内陈列着的上百幅黑白照片和建筑模型，展示了该教堂以及哈尔滨整个城市的发展历史。原来，十九世纪时，哈尔滨一带还只是一些松花江边的渔村。十九世纪末，东清铁路在俄国人的援助下开始建设。这里优越的地理条件，使之成为铁路和水路的集散中心，工商业和人口迅速集聚。二十世纪初，哈尔滨便成为国际性商埠。圣·索菲亚教堂原为俄国的随军教堂，几经重建翻修，二十世纪三十年代成为远东最大的俄罗斯东正教教堂……

第二天上午，在离酒店不远处的渡船码头登船，横渡松花江，前往太阳岛。松花江江面宽阔，浩浩荡荡。美中不足的是，水中泥沙甚多，江水泛黄，显然与日本的河川不一样。下船踏上太阳岛的土地时，已有许多市民在江边搭起帐篷，铺好席垫，休憩野餐了。现在虽是残暑季节，松花江畔大概只有二十七八度的气温，非常适合休闲娱乐、避暑纳凉。难怪哈尔滨还有冰城夏都的美称。

太阳岛是一个巨大的湿地草原型旅游避暑公园。上世纪八十年代初，郑绪岚唱红的流行歌曲《太阳岛上》使这儿名声远扬，也让当时正处青春年华的人们都对这儿十分憧憬向往。岛上有俄罗斯风情小镇，据说冬天还举办声势浩大的雪博会，还有纪念当年东北抗日联军的雕像。坦率地说，人到中年后来到这里，似乎已感觉不到太大的震动了。要是三十多年前就能登上此岛的话，该会是多么的兴奋！

从太阳岛风景区出来以后，便叫了一辆出租车前往不远处的东北虎林园。在那儿，乘观光车进入虎园，看到了几十只自由自在、威风凛凛的东北虎。据介绍，东北虎集凶猛、威严、珍贵和神圣于一身，但因生息环境受人类的影响，其数量大为减少。这儿的虎园里，以比较接近原始生息环境的状态，饲养着800多只纯种东北虎。生肖属虎的游人听后，不禁感到巨大的欣慰。

当东北虎们开始进食时，属虎的游人也想寻找午饭的地方。经出租车司机的介绍和相送，来到市内西十三道街的"中华老字号"饭店——老都一处。店中供应的三鲜水饺、牛肉干、黑木耳炒菜以及哈尔滨"纯生"啤酒，让游人领略了哈尔滨饮食文化的精华。傍晚，游人又借"纯生"之劲，来到位于西十道街的露西亚俄罗斯西餐厅。店内俄式气氛，古色古香。大马哈鱼子前菜、莫斯科沙拉、俄式菜汤、俄式肉饼和黑面包，还有一盎司的伏特加，又让游人体会到了近代哈尔滨深受影响的另一种传统和文化。伏特加的酒精一直在胃里荡漾，直到游人登上返回大连的飞机上……

(7) 重庆模式与市场经济 （基于2011年9月22日博客）

9月上旬去重庆的大学做了两个学术报告，顺便了解了一些当地区域经济发展的情况。记得前一次去重庆是在1993年的9月，弹指十八年过去了，重庆发生了巨大的变化。那时的重庆还只是四川省内的一个城市，现在已成为仅次于京津沪的直辖市了。

从重庆的江北国际机场驱车前往市中心，高速公路几乎通畅无阻。看了手中iPhone4里的Google地图后知道，以重庆为中心的区域高速公路已形成密集的网络。在市中心附近交汇的长江和嘉陵江上，已建起了好多座大桥，使重庆近来又多了一个"桥都"的美称。

隔着两江观望重庆的市中心部分，只见几十层高的写字楼和公寓密如丛林。其高度参差不齐，形态也各式各样，形象地告诉人们近年来重庆经济的高速增长。美中不足的是，这些高层建筑形成的空中轮廓线（skyline）好像与原来的地形不太一致，"山城"原有的英姿似乎有些淡漠。

离开重庆那天，在机场购得《重庆模式》一书。于是，针对上述感性认识，仔细阅读了该书的论证，试图将其提高到理性认识。原来，近年来重庆社会经济的快速发展，被称为"重庆模式"或"重庆经验"。

根据该书的概括，"重庆模式"的主要内容如下：（1）贯彻中央的总体部署（2）"打黑除恶"（3）"唱读传讲""红色文化"（4）"三大洋开发战略"（5）打造"五个重庆"（6）城乡综合发展（7）以公有制为主的"三驾马车"拉动（8）改善民生（9）干部与群众"同吃同住同劳动"。

读了"重庆模式"后，觉得这些内容的确非常重要。特别是，中国改革开放三十多年来，各地的人民群众通过实践创造了许多区域经济发展的模式。比如，"深圳模式"、"广东模式"、"温州模式"、

"苏南模式"、"浦东模式",等等。中国地大物博,差异巨大。从理论上讲,每个地区都可以而且也应该形成自有特色的发展模式。模式方式,多多益善。

但是,我又感觉到,各种成功有效的模式,大凡都具有共同的特点,即它们都符合市场经济发展的规律。那么,所谓市场经济发展的规律又是什么?简而言之,就是依靠市场机制发展区域经济和国民经济。

也就是说,为了让市场机制发挥作用,就要改革原来单一的公有制,发展民营经济和外资经济,把区域经济向"三大洋"及全世界开放接轨。为了保障市场机制的健康运行,必须建立完善的法治体系,打击危害市场经济发展的"黑恶"势力。同时,必须提高所有市场经济参与者的道德水平,防止市场机制运行出现偏差和扭曲。

另外,市场机制也不是万能的。在外部性(externalities)存在和收入分配等场合,市场机制会失灵,城乡经济差距会扩大,故社保系统需要配套。这就要求各级政府部门制定和实施城乡协调发展政策,建立改善民生福祉的制度。还有,在市场经济体系中,政府官员只是直接创造经济价值的广大纳税人的公仆(public servants),与他们"同吃同住同劳动"是最起码的常识。

总之,包括"重庆模式"在内的各种区域经济发展的模式,从本质上讲,异曲同工,大同小异。它们都是市场经济发展规律在不同区域经济环境条件下的不同表现方式。提倡和强调各种模式的不同固然重要,但切不可藐视或曲解甚至否定其背后存在的市场经济发展规律。中国人民经过五六十年的艰苦摸索,终于认识到了市场经济发展规律的至关重要,实在来之不易。

(8) 南京和区域经济一体化(基于 2011 年 9 月 30 日博客)

半个月前的 9 月 15 日,我结束了在南京的讲学活动之后,在朋友的帮助下,乘小车经由沪宁高速公路到上海浦东机场,再乘飞机返回日本。从南京到上海之间的行程,我没有选择乘坐一下刚刚建成的京沪高速铁路。一方面是因为行李零散携带不便，另方面也是因为不久前发生的温州动车事故。该事故的原因，现在还没有正式公布，出行者不得不自己小心才是。

在沪宁高速公路上，我看到车来车往，奔腾不息的现象，体会到长江三角洲地区经济正在高速发展，蒸蒸日上。再看一下手中新买的区域公路交通地图，发现长三角地区的高速公路东西南北密密麻麻，像一张庞大的渔网，把该地区内星罗棋布的大小城镇都密切联系起来了。

这种把各个地区的经济紧密联系在一起的现象，就是区域经济的一体化（integration）。当然，一般的经济一体化，并不局限于客流和物流等交通领域，而且还包括资金和信息的交流。用关于市场经济的经济理论来讲，区域经济的一体化意味着覆盖整个区域的统一市场的形成，其中，人员、物资、资金和信息都可以自由地流通和交换。

从长三角地区经济发展的经验来看，区域经济的一体化既是市场经济发展的结果，也是区域经济进一步发展的重要原因。长三角交通网络的发展，充分地说明了这一点。三十年来的市场经济的发展，使该地区的交通形成网络，而这些交通网络的形成，又促使长三角地区成为中国经济发展的龙头。

不过，随着长三角地区的经济开始趋近西方发达国家的水平，这种区域经济一体化和区域经济发展相辅相成的关系，又向人们提出了新的要求。即区域一体化需要从经济领域向政治及行政领域扩展和深化。换句话说就是，新一轮或进一步的区域经济发展，要求政治及行政体制也实行区域一体化。

然而，中国的政治及行政体制以中央集权为特色，要实现区域一体化非常困难。我们知道，中央政府中的各个部委，在地方政府一级均有其下属的对应部门。这些地方政府的部门，主要向中央主管部门负责，而缺乏与其周围地区地方政府的相同部门协调合作的动机（incentive）。记得在八十年代，中央政府曾在长三角地区设立了上海经济区的规划部门，试图推进区域行政管理的一体化，但是后来还是不了了之了。

在新的世纪里，如何才能推进区域的一体化？在南京讲学之余，我曾去参观民国政府总统府的旧址，在里面看到了关于清朝两江总督府的陈列。原来，那时的南京曾是两江总督府的所在地。"两江"是指现在的上海、江苏、安徽、江西一市三省。于是，我便大胆地设想，如果像那时那样成立一个广域性的地方政府来统辖现在的长三角地区的话，将有利于这里的区域一体化。

（9）在长春看区域经济发展（基于2012年9月14日博客）

根据最近的统计信息，今年上半年中国的区域经济发展呈"西高东低"的趋势。其中，东北三省的平均GDP实际增长率为10.1%，略低于全国的平均值（11.0%）。但是，三省中的吉林却为12.0%，高于其他两省和全国平均，令人刮目相看。最近正好得到一个机会来位于吉林省会长春市的吉林大学讲课，便借机观察了这儿的区域经济发展状况。

从大阪附近的关西空港直接飞到长春机场，仅花了不到三个小时。据说几年前长春与大阪之间的来往一定要在大连转机，现在两者之间每周三天有直达航班了。这既说明长春的对外经济交流在迅速增加，也意味着大连在东北的经济地位开始受到了挑战，东北地区也进入了区域间经济竞争的局面。

从长春机场出来搭车前往市内酒店，一路上高速公路宽畅且基本不堵，与国内其他省会城市周围的高速交通网络大致一样。坐在车里向外观望，九十年代中后期曾经常听说的东北老工业基地急待振兴的问题好像已感觉不到了。然而，当小车进入南部市区时，三四车道的车流突然变成两列或一列，车速减至与自行车行走差不多。原来，这些地区的主要干道在建设高架道路。大道中间都成了建设工地，只留一两条临时车道供车辆来往，有的地方甚至就干脆不留了。

见此情景，我不禁联想起九十年代中期在东部沿海大城市内曾看到过的现象。记得那时那些城市开始经济高速增长，许多地方整个城市都像是个建设工地。等这些建设大功告成之后，不少地方建成了有内环外环或三环四环的现代化城市结构。莫非今日长春也处于这一时期？

带着这个疑问，第二天便设法去了该市的中心地带作了一些观察。在那儿看到了在东部沿海省会城市的市中心一般都能看到的现象。摩登的写字楼和高级酒店盘踞在市中心黄金地段，政府机关和国企总部的大楼雄伟高大。百货商场比比皆是，人来人往熙熙攘攘。市内道路似乎已够宽畅，然而车轮滚滚常有堵车现象。

从这些现象来看，在九十年代中和本世纪初，长春市中心一带已经经历了大规模的城市建设和经济发展。但是，那时的经济发展战略及城市建设规划可能都没有预料或兼顾市区南部及郊区的情况。难怪每次搭乘进出市区南部的出租车时，都可听到司机们怨声载道，抱怨政府部门缺乏长远和周全的规划。

我认为，这些抱怨是有道理的。同时，这些抱怨也暗示着，政府的政策或规划也许本来就不可能准确地预测和对应未来的变化。因此，区域经济发展，光依赖政策或规划是不够的，应该找到和建立一个合情合理的机制或体制。

看完市内的情况，出于专业的习惯，几日后又到长春市郊外做了一些观察。沿着从市内出发的轻轨线路，不到一个小时就来到了郊外的一个重要开发区。沿途再次看到了不少高大雄伟的政府大楼。还看到了许多著名房地产公司圈起来的住宅小区。有的小区已建成了十多层高的公寓，略有在香港岛上看到的柱状公寓的味道。可以想像，地方政府机关和房地产大亨早已看好连接市中心和郊外的轻轨沿线的开发潜力，大量划拨和购置了沿线的土地，相续建起了高楼大厦。

然而，从东部沿海一线城市的经验来看，这样的大规模开发容易引起所在地区乃至整个城市的房地产价格的高涨，从而带来许多社会问题。同时，宏观经济一旦开始紧缩，巨额的投资无法回收，又会引起地方财政的紧缺和企业老总的"跑路"等现象。这些似乎均在暗示，现有区域经济发展模式存在着严重的缺陷和亟待解决的问题。

11 日本的城市和区域

（1）重访横滨港未来21区（基于2010年8月27日博客）

昨天开完与研究生的seminar之后匆匆来到横滨，做一项简短的调研工作，同时也准备拜访一下从英国来日本探亲的初中时代的老师。京都与横滨之间相距约五百公里，搭乘新干线高速列车花两小时即可到达。不过，由于启程较迟，到横滨的酒店已是晚上十点。这次入住的酒店就在横滨港未来21区（Minato Mirai 21）中的横滨地标大厦（Yokohama Landmark）。

夜幕中的地标大厦及其周围的现代化建筑，灯光闪烁，分外漂亮。遂情不自禁地用相机拍下看到的情景。记得两年前也曾来过横滨港未来21区，但匆忙之中并没有找到最佳的摄影地点。这回找到了，可谓一幸。

横滨地标大厦目前是日本最高的建筑，共有73层。其中49层以下作为办公与零售之用，49至70层为酒店，69层是观望台。该大厦为横滨港未来21区的标志性建筑，建成于1993年，而港未来21区的建设开始于上世纪的八十年代。

我在九十年代初曾在横滨某企业研究所从事区域开发的规划和咨询工作。记得当时从办公室的窗口亲眼看着横滨地标大厦慢慢拔地而起，高度超过当时日本最高的东京都政府大楼。出于工作的关系，我对横滨港未来21区建设的经纬也知晓一二。

该地区原来是三菱重工造船厂和轮渡码头的所在地。在八十年代全球性的海岸开发（waterfront development）的潮流中，日本的中央和地方政府为了分散集中在东京市区中心的产业和人口压力，选择该地区进行再开发建设，以构筑横滨的中心业务地区（CBD）。

九十年代初，我曾参与为横滨市政府预测未来人口规模和制订远期城市规划的咨询工作。当时根据横滨港未来21区建设规划等的进展情况，我们预测该市2010年的人口规模为375万人左右。今年六月的统计结果表明，横滨市总人口为368万人。二十年前的预测误差小

95

于百分之二，实乃幸运。

高兴之余，想为横滨市免费做个广告：今年11月，亚洲太平洋经济合作组织（APEC）会议将在横滨市举行。APEC由亚洲太平洋地区的21个国家和地区组成，其总人口约占全世界的四成，而GDP为世界总额的一半，是全球最大的一个区域经济合作组织。这次APEC会议就预定在横滨港未来21区里进行。

二十年过去了，横滨港未来21区发生了巨大的变化。众多豪华的酒店开业了，各式各样的企业总部大楼竣工了，横滨高速铁道港未来线路开通了，多栋高层公寓也销售完了。重访横滨港未来21区，再次深深感受到现代化大都市自我更新和生机勃勃的生命力。

（2）和日本学生去和歌山（基于2010年9月24日博客）

9月21日和22日，与本科二年级seminar的学生去和歌山县旅行了两天。这样的旅行在日本称为semi旅行，是沟通师生及学生之间关系以及增进友谊的重要方法。我带的本科二年级和三年级的两个seminar班中，二年级的学生比较齐心协力。其中的几位骨干从七月份就开始策划和预约，终于把这次的暑期semi旅行计划变成了事实。

21日上午，我们一行在京都车站集合，一起乘大巴向旅行目的地出发。和歌山县位于大阪府的南边，大部分地方面临太平洋。其内陆部分的熊野三山参拜道和高野山，在2004年被登录为世界文化遗产。我们要去的地方则为白浜海岸。那儿是日本最著名的海岸之一，盛夏季节，人山人海，热闹非凡。

下午二时左右，大巴抵达我们下榻的酒店。大家少事休息后就乘出租车来到这儿一带最有名的白良浜海水浴场。这里的沙滩细腻洁白，据说白沙来自于澳大利亚。站在沙滩眺望南北，南面是一望无际的蓝色海洋，北边是整齐协调的海滨式公寓酒店，可谓是景色优美，如诗如画。

学生们开始后悔没有带游泳衣裤来，个别男生似乎在犹豫要不要穿着长裤下水畅游一番。我便鼓励他们道，年轻人应该敢想敢为。于是便有几个男生跳入大海游起泳来。离他们不远的地方，另一支来旅游的大学生团队中，已经有几位女生穿着衣裙在水中嬉闹了。

见此情景，我不禁想起自己的大学时代。那时，我们虽然没有穿着长裤下过海，但是，趁野外实习的机会，曾攀登过庐山峰巅和泛舟在千岛湖上。有一次，有几位同学不小心滑入瀑布水沟里，顺流而下便是百丈深渊。其他同学急忙手拉手组成人工绳索，把他们一一拉出水沟……现在想来，大学时代充满了不少神奇和浪漫。

从海边回来后，大家便在酒店晚餐，餐后分别去洗泡天然温泉。泡完温泉后，大家又凭兴致打起了乒乓球。我好像已是十几年没有摸过乒乓球拍了，不自觉地用打网球的姿势去抽打小小银球。结果是板板抽空，连连失误。幸好，半个小时后，以前打乒乓球的感觉开始恢复起来，才不至于在学生面前太出洋相。

打完乒乓之后，大家又聚集在一间较大的客房里，拿出事先买好的酒水和点心饮食起来。此时已是晚上十点时分。酒水下肚之后，谨慎稳重的日本学生开始放松地攀谈起来。话题涉及修课学习、社团活动、恋爱婚姻、未来志向等等。曾几何时，我也与大学的同学坐在夜幕中的公园长椅上谈论过同样的话题。真可谓是，同学少年，风华正茂。

夜半过后，不知哪位学生拿出从酒店借来的麻将牌来，邀我搓打几盘。我又想不起来已是多少年没有碰过麻将牌了。幸好，玩了几局之后，感觉又恢复了上来，居然还赢了学生一盘。这时，整个房间里的人自然分成了两摊。一摊继续促膝谈心，一摊热衷博弈鏖战。夜半两点时分，大家才想起第二天还要去附近游乐园看大熊猫，于是论坛和麻将便相继结束。

（3）名古屋的印象和记忆（基于2010年12月17日博客）

两星期前的12月3至5日，去名古屋参加了日本应用区域科学学会的年会。名古屋离家只有一百多公里的距离，坐新干线不到一个小时就到了。但是，在这次年会中又要参加会前的理事会，又要参与论文发表和点评论文等，事情较多，就索性在名古屋的酒店里住了两个晚上。

尽管如此，在名古屋逗留的三天里，也没有时间去参观当地的一些名胜风光。不过，现在想来也不后悔，因为自己对名古屋有丰富的记忆，自以为还是比较了解这座城市的。这是日本的第三大城市，规模仅次于东京和大阪。其附近有丰田市，著名的丰田汽车公司就发祥和坐落于此。名古屋一带可称为日本最大的制造产业中心。

我对名古屋的记忆可以追溯到上世纪的七十年代初。1971年3至4月，第三十一届世界乒乓球锦标赛在日本的名古屋市举行。在那文化大革命如火如荼的年代，我们从电影及报纸和画报上得知日本有个城市叫名古屋，看到中国选手去时坐了新干线，好像还看到各国选手在盛开的樱花树下歌舞联欢。我至今还记得，日本队里有位男选手叫长谷川信彦，有位女选手叫大关行江，听起来有点特别。现在知道了，这些都是普通的日本人名。

我来日本后一直无缘走访名古屋，第一次去好像已是1995年了。记得那个时候，中国经济开始高速增长，吸引了许多日本企业的兴趣。有一家从事纤维贸易的日本公司邀请我在东京、名古屋和大阪三地给其各分公司的职员介绍中国经济的情况。记得在名古屋作报告时，该公司安排我住在名古屋城楼附近的酒店里。报告结束后，我抽出一些时间去看了名古屋的主要名胜。在参观名古屋产业展览馆时，形象地知道了汽车工业的发展历史和丰田汽车公司的贡献，留下了深刻的印象。

2002年我来立命馆大学供职以后，可能由于地理位置的关系，有了很多去名古屋的机会。记得最初的几年里，参加了名古屋大学一位教授主持的科研项目，每年都要去名古屋车站附近的酒店参加研讨会议，亲眼看到车站附近的几栋高层建筑拔地而起。那时候的名古屋经济曾经好于东京和大阪，可能主要归功于丰田汽车公司全球发展战略的成功。

到了2005年，爱知世界博览会在名古屋附近举行，又引起了全世界的注目。那年的夏天也非常炎热，世博会场里人山人海。在会场里排队等待了大半天，汗流夹背，却没有进几个展馆看到什么，好像与今年去上海世博会时差不多。回来时，在停车场发现自己的车子不知被什么人的车子碰出了一个缺陷，后来只得自己支付修补的费用。不过，在名古屋的港口附近，停泊着一艘日本去南极探险时用过的考察船，值得一看。还有，其附近有一家叫红龙虾的海鲜餐厅，其大龙虾佳肴非常美味，只是已经久违多年了。

（4）琵琶湖与"近江八景"（基于2011年5月6日博客）

从4月29日开始，日本全国进入五月连休"黄金周"，一直要到5月8日才结束。这其中包括了两个周六和周日、四个法定节日（即日本的昭和节、宪法纪念日、绿色节和儿童节）以及两个普通工作日。如果把这两个普通工作日也作为调休用的话，就可以获得整整十天的休假日了。

遗憾的是，这两个普通工作日，我都有工作要做，故只能休息八天。尽管如此，休息的日子也是够长的了。其中的两天用在了到附近的琵琶湖边搞搞野外烧烤和环湖周游的活动上，得到了卓有成效的休息和放松。为了感谢从大自然得到的恩惠，特就琵琶湖的自然环境作一记述。

琵琶湖位于滋贺县内，是日本第一大淡水湖，面积约670平方公里。其南北长60余公里，因形似琵琶而得名。据说，该湖在400万年前由地层断裂下陷而形成，是世界第三古老湖泊。在日本历史上，琵琶湖是联系日本海与濑户内海之间的交通要道，水产丰富，航运发达。现在，湖周围成为日本著名的游览胜地和国际重要湿地。

琵琶湖畔景色优美，有日本国民众所皆知的"近江八景"（近江是其附近一带的旧称）。据说，"近江八景"的说法参照了北宋时代中国湖南的"潇湘八景"。从其形成的年代来看，与浙江杭州的"西湖十景"也应不无关联。这里不妨简单介绍"近江八景"内容如下。

一、"石山秋月"。石山指滋贺县大津市的石山寺。传说《源氏物语》的作者紫式部当年在石山寺观赏八月十五中秋之月时，获得写作该物语的灵感。

二、"濑田夕照"。濑田指琵琶湖支流之一的濑田川。河上有日本三大古桥之一的唐桥。夕阳时分，拱桥跨越河川东西，自然景色十分迷人。

三、"粟津晴岚"。粟津为濑田川西岸的一处地名。以前这里一带松树成片，晴空万里之时，水雾缭绕，分外神奇。

四、"矢桥归帆"。矢桥为琵琶湖东岸的一处地名。渔业昌盛的时代，傍晚可以在矢桥一带看到大批满载而归的渔家帆船。

五、"三井晚钟"。三井指位于滋贺县大津市的三井寺，是日本天台寺门宗的总寺院。寺内有一口巨钟，为日本三大古钟之一。夜深人静时，可听到三井寺传来的隐隐钟声回荡在琵琶湖上。

六、"唐崎夜雨"。唐崎指位于琵琶湖西岸的唐崎神社。神社里有一颗古松，树龄达一百六十多岁。雨夜之中的古松，颇有顶天立地之势。

七、"坚田落雁"。坚田为琵琶湖西岸的一处地名。其湖畔的满月寺里，有一座突出到湖面上的佛堂，称作满月寺浮御堂。传说以前可以看到过往的大雁在附近落脚休憩。

八、"比良暮雪"。比良是位于琵琶湖西岸的连绵山脉，最高处海拔一千二百米。冬天，来自日本海的寒流使山顶白雪皑皑，滑雪盛行。但是，傍晚的山脚下，依然可以看到野花盛开。

(5) 东京新塔对日本的影响（基于2012年6月1日博客）

5月22日，在东京建造的一座新电视塔正式竣工开放，成为整个日本的注目焦点。该塔的英语名称为Tokyo Sky Tree，日语叫法与英语一样。如何把它译成中文，可能要为难一阵许多华语媒体了。有的译成"新东京铁塔"，有的译作"东京天空树"。新塔的官方网站译为"东京晴空塔"（www.tokyo-skytree.jp/cn_s/）。

这座东京新塔是座用来发射数码电视信号的电波塔，高度634米，超过了两年前竣工的中国广州新电视塔和1976年就建成的加拿大多伦多市的CN塔，被吉尼斯世界纪录认定为世界第一高塔。其高度还仅次于阿联酋杜拜市的世界最高大楼，故该塔也是目前世界第二高的人工建筑物。

与其他的电视塔一样，东京新塔除了发射电波外，还建设了一些供游人登高望远的设施。在距地面350米和450米之处，各设两个圆形的展望台，其高度超过在上世纪五十年代建成的东京塔（333米高）。从450米的高空眺望整个东京大都市，是人们难得经历的事情。东京新塔一下子便成了现在日本最热门的旅游观光景点。

由此可见，这座新塔给东京以及日本全国的旅游观光产业带来巨大的经济效益。新塔所在的东京都墨田区与拥有著名的浅草寺的台东区相邻，都是日本江户传统文化和风俗的发祥地。东京新塔与现有的浅草寺及雷门等景点将相得益彰，互为辉映。

东京新塔对日本的影响，还不仅仅局限于旅游观光产业。如果用传统的区域经济学的方法，自然还可以通过分析旅游产业与交通产业、建设产业以及相关制造产业之间的投入产出关系，论证东京新塔可能带来的广义经济效果。然而，我个人更注重它对日本国民心理的积极影响。

从上世纪九十年代初的泡沫经济崩溃以来，日本经济长期处于不景气和低调的气氛之中。其间，虽然也有经济复苏和好转的局面，但是总的来说，日本经济的发展势头与七八十年代相去甚远。在这种气氛中，日本国民长期处于低沉和压抑的心理状态。去年三月发生的巨大地震以及核泄漏危机，更是雪上加霜，引起不少民众的悲观情绪。

东京新塔的建成及其带来的喜庆气氛，无疑在一定程度上冲淡了日本国民心理上的阴暗感觉，也让他们再次感受到科技的进步和城市的创新可以带来新的经济增长和社会发展。为了打开目前的低调局面，日本已决定2014年开工建设东京大阪之间的磁悬浮高速新干线，其最高时速设定为505公里。日本的许多企业已开始研发利用海流和地热发电的机制，试图在不久的将来完全替代现有的原子能发电。

尽管如此，日本面临的国际经济局势依然不近人意。就在最近日本经济出现了一些复苏好转趋势的时候，希腊的财政危机又引起欧盟经济前景不佳和欧元下跌，从而造成日元上涨和日经股市回落。日本经济又一次遭到了国际经济的挑战。从这些宏观经济的角度看，东京新塔对日本经济的影响，不得不说还是一个未知数。

(6) 北九州：险遭核爆的城市（基于2012年8月30日博客）

暑假期间得到一个机会去日本九州岛北部的北九州市，参加在那儿举行的一个博士论文评审会。会后，在该城市工作的D君带我去看了市内小仓北区胜山公园里的长崎警钟，了解到二次大战末期该城市险遭美军原子弹袭炸的历史。

原来，当时北九州市的部分地区属于原小仓市，是日本陆军小仓兵工厂的一部分。1945年8月9日，美军携带核弹的飞机飞到小仓市上空，准备以此为目标投掷原子弹。但是，当天小仓市上空多云，能见度很差，飞行员无法确认投弹目标。于是，飞机便掉头飞向已设为第二目标的长崎市，在那儿投下了人类历史上第二颗用于实战的原子弹，造成了近15万长崎市民的死亡。

为了纪念这一惨痛事件，1973年长崎市赠送给北九州市一口祈求和平的警钟，并在胜山公园设立了一座纪念碑。每年8月9日，长崎市和北九州市都要举行纪念仪式。一般来说，长崎发生过原子弹爆炸是众所周知的，但北九州险遭核爆却不太被人所晓。到北九州旅行的人，值得去了解一下这一历史事实。

提起北九州市，日本人都会知道，在1963年由小仓市等五个城市合并而成。因此其新干线的车站就叫小仓站，而不叫北九州站。该市在中国的友好城市是大连，其地位也有点像大连是中国东北地区的港口门户一样，是日本九州地区的重要港口城市。

不过，与大连不同的是，北九州的重工业十分发达，在日本的工业化和现代化中发挥了重要的作用。早在日本明治时代的1901年，北九州一带就建立了官营八幡制铁所，二战前发展为日本最大的钢铁

102

生产基地。1970年八幡制铁与富士制铁合并为新日本制铁株式会社（即新日铁），其至今仍是日本最大的钢铁公司。

由于拥有良好的地理位置，北九州在战后的经济高速增长阶段迅速发展成为日本钢铁、化工和电机产业的重要基地之一。现在，北九州市与其西部邻接的福冈市已构成日本九州北部大都市圈。该都市圈凭借接近中国大陆、韩国和台湾的区位优势，近年来经济发展引人注目，部分领域的发展势头已超越日本现有的东京、大阪和名古屋三大都市圈了。

还值得一提的是，北九州的发展是日本近百年的工业化和现代化的一个缩影。在这一过程中，该地区还孕育了许多文学家和以该地区为背景的文艺作品。其中，最著名的文学家便是松本清张，他的推理小说及同名电影《砂器》在中国也家喻户晓。

就在北九州市中心附近，有一个松本清张纪念馆，展示着他生前的书房和所写作的所有作品。松本清张于1909年出生在现在的北九州市小仓北区，原是朝日新闻报社的职员。1952年他发表了以小仓地区为题材的小说，获得了日本著名的文学奖，从而成为专业文学家，1992年在东京去世。

松本清张擅长写作并开创了所谓社会派推理小说，代表作有《点与线》、《眼之壁》和《砂器》等。这些小说不同于一般的侦探或推理小说，非常注重通过推理展开来追究犯罪行为的社会根源，揭露人类的困惑和社会的矛盾。

松本清张纪念馆的附近，便是古老的小仓城楼。日本各地的城楼为古代各地诸侯王公所建，是各地的政治经济中心。小仓城楼初建于1602年，后来几经重建，依然保持着原来的风格，具有很高的历史文化价值。也就在该城楼的附近，2003年开张了名为Riverwalk Kitakyushu的综合性商业娱乐中心，非常摩登和热闹。在这一带漫步，似乎可以感受到许多北九州市所显示的过去和现在、经济和文化的协调。

9月底还将有机会再去北九州参加一个国际学术会议。在北九州市的东边，便是与其相隔关门海峡相望的下关市。那儿有一公馆叫日清讲和纪念馆，是一百多年前甲午战争后中日签署马关条约的地方。如果时间允许的话，会去进一步了解在北九州一带发生过的与中国有关的历史。

（7）千里"青森"一日还（基于2012年11月23日博客）

上星期六去位于日本本州岛北端的青森县参加一个学会。由于公私各方面的原因，竟把这次的出差用短短一天的时间来完成了。青森县与定居的滋贺县相隔七百多公里，也就是约一千四百里。因此，上星期六的出差，可称为"千里青森一日往返"了。

那天早晨，五点多起床，六点过后便开车出发。途中上名神（名古屋－神户）高速公路行驶约一个小时，下来后不久便到达大阪机场，把车寄放在其停车场。该机场也叫伊丹机场，是大阪地区的三大机场之一（其他两个为关西机场和神户机场），主要用于日本国内的航班。

上午九点左右，搭乘的日本航空班机启动直飞青森机场。大阪与青森之间的航线没有像大阪与冲绳之间的航线那样旅客众多，因此飞机也较小。舱内只有七十多个座位。每排四个座位，中间是通道。也因为飞机较小，飞行中受气流影响，有一些颠簸。

十点半许，飞机便在青森机场平稳降落，前后只花了一个小时多点的时间。如果从大阪乘新干线的话，在东京站要转一次车，前后要花六七个小时以上的时间才能到达青森。显然，乘新干线不适合于这次"千里青森一日往返"之旅。

在青森机场下了飞机，便直接到机场内的租车服务柜台，租好一辆丰田小车，准备自己再驾驶去学会的会场。其实，租车的手续早在几天前就在网上办理好了，现在只需出示一下驾照和预付租金（租六小时约六千日元）。当然，事先还确认了一下所租小车是否带有导航设备。有了这个东西，就可以"车到山前必有路"了。

在驾车去会场的途中，用导航设备找到一个吃面的饭店，品尝到了久违了的具有浓烈大豆酱味道的日本东北拉面。之后，按照导航设备指出的路线，顺利地到达学会的会场。在学会上完成了自己要做的工作之后，便再驱车开回青森机场。这次学会的会场设在一个远离市区的大学。如果没有租车的话，恐怕不可能马上就"开路"了。

在机场等候返回大阪的航班的时间里，先在各类土特产商店购买了一些用苹果制成的土特产。青森一带盛产苹果，青森苹果非常有名。然后又在一个日本料理店里吃了晚饭。吃的当然与青森的物产有关，名曰"特鲜刺身定食"（即生鱼片套餐）。

傍晚六点多一点，飞机准时起飞。一个半小时后便到大阪市内上空。从机舱窗户向下观望，整个城市灯光灿烂，街区分明。遗憾的是，舱内已经响起了"请关闭所有电子设备电源"的通知。否则，自己一定会用手机拍下这"价值百万美金"的夜景的。

下了飞机后，再去机场里的停车场，交纳停车费两千五百日元之后，便驱车再上名神高速公路，一小时后回到大清早离开的家中。"千里青森一日往返"之旅，到此便告结束。现代化的交通条件和通讯设施使这次不尽合理的出行计划成为了可能。

这次的"千里青森一日往返"之旅也留下了另一个遗憾之处，即没有时间去看看有名的八甲田山雪中行军遇难资料馆。1902年冬天，当时日本陆军的青森联队在青森八甲田山中进行雪中行军训练，发生了近两百名官兵遇难死亡的事件。这一事件在1977年被拍成电影，著名影星高仓健担任主演，给人印象极其深刻。该电影展示了大自然的冷酷无情以及给予人类的谆谆告诫。

(8) 京都的金阁寺和银阁寺（基于2013年1月18日博客）

去年年底前的圣诞节，旅居美国的大学同学T君一家来日本京都一带旅游。在陪同他们去几个景点观光后，自己也得到了一些新的认识和发现，不妨记录如下。

一、金阁寺的别名

位于京都市北区的金阁寺，是一座三层楼的楼阁，其外壁由金箔装饰，因此而得名。但是，金阁寺所在的寺院则叫鹿苑寺，原为日本室町幕府时代（1336-1573年）第三代将军足利义满所建的山庄。1994年，金阁寺与京都其他寺院一起被联合国认定为世界文化遗产。

二、银阁寺的"银"

看过金阁寺的人，总以为京都市内的银阁寺一定是有银箔装饰了。但是，银阁寺的外壁主要涂有黑漆，并没有银箔的迹象。该寺由足利义满的孙子为了与金阁寺相呼应所建，据说因当时幕府财政原因而没有装饰银箔。不过，银阁寺前面的庭院由细沙堆砌而成，被称为"银沙滩"，起到了点题的作用。

三、岚山的竹林小道

岚山是京都观赏樱花和枫叶的著名景区之一。中国来的游人大都知道，那儿还有一座纪念周恩来总理的诗碑。从诗碑向山林纵深处再走十分钟，便可以看到一条别致的竹林小道。小道全长约几百公尺，两边是高耸成林的毛竹。茂盛常青的竹林遮掉了大半个天空，夏天这里是个清凉世界。

12　上海和大阪

（1）让观众都进世博国家馆（基于2010年8月6日博客）

前几天因故匆匆去上海，挤出半天时间参观了世博会。去之前就听人说，那儿人山人海，热闹非凡。人气较高的展馆要排队几个小时，有的地方没有预约券还进不去，等等。去世博会场一看，真的名不虚传，场内的气氛真可谓是如火如荼，轰轰烈烈。

果然，沙特、德国、日本等展馆门前排着九曲八拐和见头不见尾的长队，可见其人气之高和魅力之大。不过，人气最高的自然要数中国国家馆了。其红色的"斗冠"造型，已经成了本届世博会的标志建筑，据说反映了"东方之冠、鼎盛中华、天下粮仓、福庶百姓"的主题思想。

然而，疾步前往国家馆一看，竟然没有长队排列。几位工作人员把守在入口处，附近贴了白纸通告一张，上曰必须持有预约券才能进馆参观。据说，预约券在早上九点开门时发放，每天只发三四千张，发完为止。这预约券竟成了世博会的门中之票，实在令人不可思议。

更让我感到费解的是，国家馆还不接纳愿意排长队等候几小时的参观者，这一点根本不同于沙特和日本等馆的做法。可想而知，每天来世博参观的三四十万国人中，只有百分之一的幸运者才能进入自己国家的展馆，领略一下"东方之冠、鼎盛中华"的丰采。而其余的百分之九十九的国人只能望"馆"兴叹，在门外拍拍留念照片了。

望"馆"兴叹之余，作为过来人，我不禁想起三十多年前的计划经济时代。那时要买一辆自行车或缝纫机什么的，一定要持有一张自行车票或缝纫机票。你有钱也没用，你愿意一大早去商店门口排队也不行。在那计划经济的时代，人们能想出的资源分配的方法，除了发票子外，就是走后门了。看来，要改变发票子的习惯，真正从计划经济向市场经济转型，还真是不容易！

或许有人会问，要是在市场经济的社会里，该怎么对待上述这些"粥少僧多"的问题呢？原则来讲，主要应该依靠技术创新（创意）和经济规律。先说后者，即可采取另外收费的方法。可以考虑设置中国国家馆的专门门票（以前东京的迪斯尼乐园就对人气较高的游戏项目另收费用过），必要时还可以提高门票价格。这样，至少可以消除愿意排队和另付费用的国人也被拒之门外的现象。

至于前者，我想起2005年在日本爱知世博会上看到的情形。记得那届世博会最大的亮点是西伯利亚出土的冷冻长毛象实物展览。组委会在长毛象展示窗前设置了缓慢移动的水平电扶梯，让观众排好队以一定速度从展示窗前通过。好像参观者也是人山人海，但排一个来小时的队后基本都能看到长毛象。同时，在电扶梯旁边还安排了步行通道，专供想多看一会儿的观众排队停留和行走。

我不知道，上述这些方法是否适合中国国情和可以运用到上海世博会的中国国家馆上来。但我期待，上海世博会会想出好办法，让大多数来参观的国人都能进入中国国家馆体验"天下粮仓、福庶百姓"的理念的。

（2）世博后的上海发展方向（基于2010年9月3日博客）

一个月前去上海出差，碰到一位在市政协兼职的老同学。他告诉我，现在上海的政府部门正在议论世博后的上海经济如何发展。据他说，为了举办世博，上海进行了大规模的公共投资建设，实现了经济的高速增长。但是，世博会之后，大型的公共投资建设项目将大大减少，靠什么来拉动上海经济的持续性发展成了急需答复的课题。

老同学还充满期待地说，你如果有什么建议的话，欢迎来提交啊。我当时只是开玩笑地回应道，是和古代一样提交"折子"吧。如果是提交"折子"的话，好像那时都是高官要臣所为，我就不参与"上奏"了。不过，世博后的上海靠什么去发展，属于区域经济增长的命题，我确有一些兴趣。这里诌议一番，以为抛砖引玉。

的确，为了操办世界博览会，上海投入巨资进行了大规模的市政建设。以地铁建设一项为例，其第一条线路建成于1995年4月，晚于北京地铁和天津地铁建成通车几十年。但是，到了2010年4月，上海的地铁线路已开通11条，运营里程达410公里，位居世界第一了。这些大规模的公共投资建设，诱发了整个上海各个地区各种产业的需求扩大，带动了上海经济连续近二十年的两位数高速增长。

然而，世博会之后，如同1970年日本的大阪世博会以后一样，大规模的公共投资建设将告一个段落，以巨额资金的投入牵引经济发展的增长方式也有可能宣告结束。但是，最近的统计数据表明，上海的人均GDP刚过一万美元，与西方发达国家的三万到四万美元的水平相比，还有很大一段距离。从这个意义来讲，上海经济仍然需要在今后十到二十年的时间里保持较快的发展速度。那么，究竟靠什么来实现和保持这样的持续发展呢？

根据我对现代区域经济增长理论的理解，虽然其中有所谓外生型和内生型之分，区域经济的增长动力不外乎于生产要素的投入和生产效率的提高。生产要素又可分为自然资本和人力资本两大类。显然，包括地铁建设的公共投资建设属于自然资本的投入。就世博会后的上海经济来说，如果不能期待与以往一样的大规模自然资本的投入的话，人力资本的投入和生产效率的提高则是持续性经济增长的根本动力。

事实上，在过去二十年的上海经济发展中，人力资本的投入和生产效率的提高已经发挥了很大的作用。各行各业的就业机会的扩大，上海以外地区的大量的人才流入，市内各级教育水平的提高，科学研究和技术创新的加强，以及与这些方面有关的各种制度体制的改革和出台，都是很好的例子。不过，我在这里想强调的是，今后在这些方面的努力如果停留在以往的程度上的话，很难期待到可替代迄今大型公共投资建设所带来的效果。要实现今后的持续性高速增长，一定要加大投入人力资本和提高生产效率的力度和强度。

一个月前在上海观察到的一些现象，使我确信了这种感觉。记得有一次在地铁上乘坐了近一个小时，上下旅客源源不断，熙熙攘攘。令我奇怪的是，车厢里几乎没有听到上海的方言，人们用的语言都是南腔北调，各种各样。再看看大家的服饰打扮，大多整整齐齐，无所差别。于是我领悟到，乘客的大多数都来自于上海以外的地方，而且白领阶层已占居多数。上海好像已经不再是土生土长的上海人的上海了。上海已经变成和纽约和东京一样的移民城市了。

据有关调查介绍，上海的外来人口已有六百多万人，占常住人口的三分之一以上。这些外来人口已成为上海经济人力资本的重要组成部分。他们活跃在上海的各行各业，为区域经济的高速发展做出了巨大的贡献。不仅如此，外来人口中的许多人还在上海购买住房，培养下一代，追求进一步的发展和自我实现。他们的消费需求也随着其收入年年递增，正在成为拉动区域消费市场发展的主要动力。由此想来，如何发挥外来人口这一巨大人力资本在生产和消费方面的作用，将成为今后上海经济发展的关键所在。

这里，我觉得，加大改革和开放的深度和广度，设计和创造前所未有的体制和制度，将有利于进一步提高区域经济的生产效率，发挥外来人力资本的巨大潜力。比如，上海可以考虑向中央政府争取更大的制定和执行区域经济政策的自主权，率先废除和改革业已过时落后的户口制度，吸引优秀的外来人口在上海生产和消费。诚然，这些大胆的制度体制的改革和创新，估计很难马上实现。但是，世博后的上海经济，如果要达到以往主要靠大型公共投资实现的持续性高速发展，除了加大人力资本投入和改革开放的强度和力度，可能别无太多的选择了。

（3）上海高楼火灾与集聚非经济性（基于2010年11月26日博客）

据媒体的报道，11月15日下午，上海市胶州路的教师公寓发生大火，造成了巨大伤亡，整个社会为此震惊和悲痛。痛定思痛，整个社会又在思考，应该从这场火灾中汲取什么样的教训？今后如何防止这样的灾害再次发生？

阅读了一些国内媒体上的报道和评论后，我感到这次上海的火灾的原因，与公寓外墙装修工程的负责单位直接有关，同时也与城市的防灾应急管理体制间接相关。如果从我比较熟悉的城市经济学的角度来思考的话，发生在城市中的特大灾害事件，又不得不说与城市的集聚非经济性关系密切。

所谓城市的集聚非经济性（Agglomeration Diseconomies）是指城市具有集聚大量的人口和产业从而造成经济效益下降和生活成本（风险）上升的性质。其最常见的事例就是城市中的交通拥挤和环境污染的现象。而局部性的天灾人祸发生在人口密集的城市中所引起的特大恶性灾害，则是该性质的一种极端的表现。

值得注意的是，城市经济的这种负面作用，在中国好像还没有被加以充分的重视和研究。搜索一下国内的网络媒体，可以查到大量关于城市的集聚经济性（Agglomeration Economies）的介绍和议论。其观点无非是强调如何利用人口和产业的集聚来实现更大的经济效益和收入消费。然而，关于集聚非经济性一词，几乎搜索不到中文写成的有关解释和研究。因此，我觉得，整个社会有必要在上海火灾发生之后充分重视城市的集聚非经济性的作用。

根据在微观经济学基础上发展起来的现代城市经济学的理论，集聚经济性和集聚非经济性似乎是城市经济生育的孪生兄弟。也就是说，随着城市人口和产业的集聚形成，集聚经济性和非经济性也就同时产生了。城市里的居民和企业，一方面享受着由集聚经济性带来的较高水平的经济效益和收入消费，另一方面又同时承担着因集聚非经济性造成的较高程度的生活成本和灾祸风险。

因此，城市居民真正的生活质量（Quality of Life）的高低，其实并不依存于居民的总收入及消费水平的高低，而是取决于其总收入及消费水平减去其生活成本及灾祸风险后的净收入及消费程度的大小。对此，作为负责提高和维护城市居民生活质量的政府部门，需要深入探讨和积极制定能提高居民的总收入及消费水平同时又能减少居民的生活成本及灾祸风险的制度和政策。

（参考文献）Zheng, Xiao-Ping (2001) Determinants of Agglomeration Economies and Diseconomies: Empirical Evidence from Tokyo. Socio-Economic Planning Sciences. Vol.35, pp.131-144.

（4）大阪的大选与上海的经济（基于2011年11月11日博客）

据日本媒体报道，11月27日，日本的大阪府和大阪市将同时举行府知事和市长的选举。居住在该府市境内的成年日本公民都有资格参加选举，以投票的方式选出大阪地方两级行政机构的的最高领导人。这条新闻听起来似乎与中国的上海经济风马牛不相及。但是，两者之间却有着跨越时空的密切联系。

首先，我先介绍一下这次大阪大选的背景信息。大阪府是一个相当于中国省一级的地方行政区，而大阪市是其中的一个市，相当于中国各省内的一个省府所在城市。众所周知，大阪地区是日本仅次于东京地区的第二大城市区域，在日本整个经济中具有举足轻重的地位。

据报道，现已表示参加竞选大阪市长一职的，主要是大阪府前任知事桥下彻和大阪市现任市长平松邦夫。桥下原为律师，在四年前的选举中当选为大阪府知事，对该府的行政管理制度进行了一系列大胆的改革，现在在府民中的支持率仍在80%左右。

桥下认为，近一二十年来大阪经济出现的经济地位下降和不景气现象，主要与大阪地区的行政管理体制的重复及低效密切有关。他主张废除大阪市一级的行政机构，加强府一级行政机构对区域经济的管理权限，同时把与居民有关的公共服务权限下放到市下属的区级行政单位上。

为了实现这一目的，桥下抓住大阪市长改选的机会，提前辞去大阪府知事的职位，参加新一任大阪市长的竞选。同时，他推荐他的地方政治团体"大阪维新会"中的骨干参加竞选大阪府知事一职，期待"大阪维新会"成员同时当选为府和市的最高领导人，以利于他们实现废除大阪市一级机构等地方行政改革的构想。

与桥下竞选大阪市长一职的现任市长平松原为电视节目主持人，主张只有保留大阪市一级行政机构才能保障市内及下属各区的公共服务的质量。他的主张得到了日本执政的民主党及自民党等全国性政党的支持。此外，在大阪府知事竞选中，民主党和自民党也表示支持与"大阪维新会"对立的候选人。

从上述格局来看，这次大阪大选，也是日本全国性政党与区域性政党围绕地方分权方式的一次较量。如果从政治和经济的关系来看，可以说这意味着日本全国上下已开始通过对各地的政治制度的改革来促进区域经济乃至全国经济振兴和发展的尝试。

我认为，大阪大选及其揭示的问题，对于同样是远离首都的地方巨大城市上海的经济发展也有启发和参考的意义。从日本高速经济增长结束的七十年代以来，大阪经济在日本全国的地位持续下降。其主要表现在，企业总部和制造业大量迁出，市中心部分人口减少，失业率高于全国平均等等。

从一些统计资料来看，上海经济似乎也有一些相似的倾向。比如，1978年上海市的GDP总量居全中国第一位，但是1989年跌至第十位。1992年后有所反弹至第七八位，但2010年又落为第九位。再看2010年的GDP增长结果，上海和北京仅为10.3%，低于其他所有的二十九个省市自治区。

此外，大阪所在的日本关西地区与上海所在的长三角地区也有许多相似之处。关西地区除大阪外，还有著名的历史文化古城京都和国

112

际港口商业城市神户。这三个大城市各有特色，但在行政管理体制上存在着机构重复和协调困难等问题。长三角地区除了上海之外，还有南京和杭州这两座历史古老却经济发达的名城。三者之间在经济发展的协调合作上，也存在着许多问题。

总之，这次的大阪大选，使人们联想起日本战后高速经济增长阶段以来大阪经济出现的许多问题。这些问题对正在高速经济增长的上海经济来说绝非毫无关系。同样，日本全国上下已开始的通过对各地政治制度的改革来推动区域及国民经济的振兴和发展的尝试，对中国经济亦不无启发意义。

(5) 大阪大选的结果及意义（基于2011年12月9日博客）

向中国国内介绍不久前的日本大阪地方政府领导人选举的结果，可能有点像是天方夜谭，因为国内还没有直接选举政府领导人的制度。但是，据说国内的村民委员会、人大代表和各级党团组织在换届选举。选举本身并没有取消，因此介绍一下国外的选举的事，说不定是他山之石，也有一定意义。

11月27日，在大阪地区同时举行的大阪府知事和大阪市市长的选举揭晓。首先，大阪市长选举的投票率为60.92%，远远高于前一次的43.61%。地方政治团体"大阪维新会"代表桥下彻获得58.96%的选票，当选为新一届的大阪市长。得到日本民主党、自民党和共产党支持的现任市长平松邦夫得票41.04%，将失去市长职务。

其次，大阪府知事选举的投票率为52.88%，略高于前一次的48.95%。上述"大阪维新会"的干事长松井一郎获得54.7%的选票，当选为新一届的大阪府知事。民主党和自民党支持的候选人得票32.8%，共产党的候选人得票9.7%，其他候选人的得票率都低于1%，均名落孙山。

由此，"大阪维新会"取得了大阪府和大阪市这两级地方政府首脑的重要职位。这一结果也表明，以大阪地区为活动中心的"大阪维新会"赢得了与日本全国性政党—民主党（现执政党）、自民党（前执政党）和共产党等的激烈竞争，获得了大阪地区选民（即持有日本国籍的所有成年居民）半数以上的支持。

这次"大阪维新会"的大胜并不是偶然的。上世纪九十年代以来，大阪的区域经济一直低迷徘徊。大量的企业总部迁往东京，制造业的工厂转移到国外或日本其他地区。地方失业率高于日本全国的平均水平。市内商店破产倒闭者层出不穷。对此，地方政府不但束手无策，而且仍然维持着低效重复的行政体制。公务员的工资始终高于民营企业的水准。大阪地区的民众生活水平改善甚微，对政府的所作所为怨声载道。

2008年1月，大阪府知事定期改选。当时身为律师的桥下彻表示参加竞争。他借助于以前在电视娱乐节目中亮相所得到的知名度，发挥精通法律和善于雄辩的特长，并及时提出彻底改革大阪地方行政中的弊病和振兴大阪经济的政治口号，获得了大多数选民的支持，从而一夜之间由律师变成了大阪府的最高领导人。

更为重要的是，桥下当选为知事后，基本忠实履行了他的竞选诺言。首先，他宣布要重建大阪府财政，率先减半知事的工资，大胆削减不必要的行政预算和支出。三年后，大阪府削减财政支出约2400亿日元，实现了财政收支的黑字化。其次，桥下提出要改革大阪地区的行政体制，将大阪府改为大阪都，废除大阪市，将市属的区改为特别区，由居民投票选举各区区长等。为实现这一政治理念，桥下与志同道合者成立了"大阪维新会"。

桥下及其"大阪维新会"的上述政治业绩和主张，得到了大多数大阪选民的支持。在这次大阪大选中，桥下辞去大阪府知事职务，参加大阪市长的竞选，以取代对其政治改革消极抵抗的现任大阪市长平松，从而顺利地实现"大阪维新会"的政治主张。大选的结果表明，大阪地区的选民用各自一票的方式选择了桥下及其"大阪维新会"，把大阪经济振兴的希望托付给了他们。

这次大阪大选的结果，对日本的全国性政党也震动巨大。这是因为日本各大政党都是根据选民选举的结果得到国会的席位，从而获得执政的机会的。显然，发生在大阪大选的一切，各大政党不得不认真对待。现在执政的民主党以及已下野的自民党的负责人均已表示，要充分尊重大阪选民的选择，认真探讨"大阪维新会"的政治主张，积极考虑实现日本地方分权的有效方式。

无独有偶，与"大阪维新会"相似，在日本第三大城市的名古屋地区，名古屋市及其所属的爱知县的市长和知事也互相联合提出了该地区行政改革和经济发展的构想。由此可见，在日本的政治改革和经济发展中，似乎出现了一种由地方推动中央、由下层推动上层的征兆和趋势。那些在地方政治和区域经济中形成一定势力的政治人物，有朝一日成为全国的政治领袖，也将不再是天方夜谭了。

(6) 大阪市长的政策被市民否决 (基于2015年5月22日博客)

5月17日星期天，当大批来自中国的游客正在大阪市内参观历史悠久的大阪城楼以及在心斋桥著名商业街购物逛街时，成千上万的大阪市民先后前往设在市内各公立小学的投票点，针对市长桥下彻提出的所谓废市建都的政策构想投下了表示赞成或反对的一票。当天晚上，投票结果揭晓：反对票多于赞成票。大阪市长的上述政策构想被市民否决。

据日本媒体评论，日本关于地方政府政策的市民投票表决在中小城市时有发生，但在大城市举行非常罕见，这次大阪的投票可谓是日本历史上最大的一次市民表决。此外，在投票前的几个星期里，大阪市长及其政治对手均在电视上登场亮相宣传自己的主张，在大阪市内主要街头展开演讲，广大市民都来参与议论城市未来的发展方向。所有这些，无疑是现代日本社会中值得注目的一道风景线。

如果从经济一体化理论的角度看，大阪市长提出的废市建都的政策构想是有一定道理的。长期以来，大阪地区存在着双层行政管理体系。一为大阪府政府，相当于中国的省，二是大阪市政府，相当于中国的市。两者在公共投资等方面存在着重复建设缺乏效率的现象。如在大阪府和大阪市下各有自己管辖的图书馆及体育馆等，规模经济效益没有得到充分的发挥。

对此，桥下彻在2011年当选为大阪市长后开始推行废市建都的政策构想（日语为"大阪都构想"）。其内容是，废除大阪市级政府的设置，将下属的二十几个区合并改组为五个特别区，负责向居民提供医疗、福利及义务教育等公共服务。同时，把大阪府提升为与东京都一样级别的政府，统一负责整个大阪地区的社会基础设施建设及管理。

然而，桥下的政策构想遭到了大阪市议会中的自民党公明党等党派的坚决反对。他们反对的主要理由是，大阪地区的双层行政管理体系的问题可以通过府市两级政府的协商加以解决，不需要改变现有的制度结构。同时，废市建都需要投入巨额的政府预算，其经济效果未必可能大于这些支出。

此外，大阪市民对桥下的政策构想也存在严重的意见分歧。表示赞成的市民多为年青阶层，他们期待用废市建都的制度改革方式彻底解决大阪地区存在的社会经济问题，使大阪可以与东京一起成为日本未来经济增长的两大引擎。持反对意见的则多为中老年市民，他们无法立刻接受废除拥有一百二十多年历史的大阪市的做法。同时，他们对废市建都有可能带来的租税负担的上涨以及现有市政服务的削减忧心忡忡。

在这种赞成和反对意见无法调和的情况下，大阪市议会等经过几番周折作出决定，举行关于废市建都政策构想的市民投票，由市民决定是否采取这一政策。5月17日的投票结果是，反对705585票，赞成694844票，前者仅以一万余票之差超过后者，得票率之差仅为0.8%。但根据日本有关法律，投票结果具有法律效力。大阪市长的政策构想最终被市民投票所否决了。

第四部分 历史的启示

13 大清末年与辛亥革命

(1) 读《大清帝国最后十年》（基于2010年6月4日博客）

最近读完《大清帝国最后十年》一书（李刚著、当代中国出版社2008年出版、290页），对清朝末年以及民国初期的那段历史有了一些新的了解。虽然，这种了解在很大程度上依存于本书作者所提供的历史材料和学术观点，这种新的认识值得进一步地去积累和证实。

凭以前所听到和读到的知识，我们只知道大清帝国的晚期相当腐败昏庸。读了这本书之后了解到，清朝的最后十年实行了新政，其革新方案的内容在广度和深度上都超过了以前的洋务运动和戊戌维新。

比如，在经济方面，确立了"工商立国"方针，设立商部，聘请日本专家编撰经济法规。在政治方面，仿效日本实施"预备立宪"，设立国家准议会机构的资政院和地方准议会机构的资政局，进而筹备责任内阁。在法制方面，废除酷刑，修改刑律，添补民法和诉讼法，建立各级审判机构，着手推行行政与司法的独立。在教育方面，创办学校，派遣留学生，废除科举制度，建立近代教育体系。

据本书作者介绍，当时有一些西方学者也感到，中国以极其旺盛的精力，按照日本模式，从上而下努力从事改革，它似乎预示着中国一个新时代的黎明。中国正在与日本进行长距离的赛跑，中国"似乎落后不到二十年，但是她是能够赶上的。"

然而，不知是什么原因，新政革新的进程后来开始失控。就拿"预备立宪"来说，1908年8月清廷颁布《钦定宪法大纲》及附属文件，明确了九年预备立宪期限，即在第九的1916年正式颁布宪法，并进行第一次国会选举和召开国会。

但是，就在同一时期，许多立宪派人士发起了声势浩大的请愿运动，要求提前召开国会，以解决当时内忧外患的问题。1909年12月，由16省资政局代表组成的请愿代表团提交意见书，要求在1913年就召集国会。次年，各省立宪社团、商会、学会也分别派出代表陆续进京，共同发起国会请愿运动。以后，参加请愿的人数急剧增加，不少省份出现了游行请愿的现象。

1910年9月，作为国家准议会机构的资政院正式召开。民众的国会请愿运动要求得到资政院的支持。10月资政院投票决议，要求朝廷速开国会。最后，清廷被迫同意缩短预备立宪期限，决定在1913年开设议会，并预备组织内阁。

不过，一些立宪派人士仍旧不满意，继续要求立即召开国会。清廷则下令驱逐请愿代表，并逮捕了一些立宪人士。国会请愿运动虽然就此告一段落，但是，立宪派人士对清廷的不满不断加深，而革命党人进一步指出满清王朝已不可救药。大清帝国的大厦的裂缝越来越大，以致在1911年的辛亥革命后不久就猝然倒塌。

对此，本书作者引用了美国著名政治学家亨廷顿（Samuel H. Huntington）在其名著《变革社会中的政治秩序（Political Order in Changing Societies）》中写的一段话，意味深长。"改革者应该隐藏改革的最终目的，而把一个个问题分割开。一个时间只推行一项改革，而在解决每一个问题时又竭力尽可能快地促使其成功。"

(2) 读《天变：辛亥革命纪实》（基于2011年8月5日博客）

去年9月在北京的书店里购得《天变：辛亥革命纪实》一书（刘秉荣著、人民日报出版社2010年出版、380页）。一年来，利用周末时间陆续翻阅，最近终于读完。特写下列文字，作为心得体会。

根据我个人的估计，现在四五十岁以下的中国人，除了爱好或专攻历史的之外，一般对一百年前的那次"天变"是怎样发生的以及有什么深远的意义知道的都不多。这是因为我们这些人在中小学学习的历史内容多半是不详细或不真实的缘故。

现在可能好了，关于晚清以及民国时期的书籍和电视剧开始充斥国内主要书店和电视频道。晚清有多少帝王贵妃，民国有多少英雄美人，好像都已家喻户晓。不过，关于辛亥革命以及民国初期的书籍和史剧依然鲜见。五六年前，国内电视台里曾播放过一个有关清末民初的电视剧，引起了海内外华人的注视。但是，即使在这部电视剧中，关于辛亥革命中的武昌起义，也好像只有十几秒钟的镜头。武昌起义到底是怎样发生的？它是如何导致大清王朝灭亡的？在我的心中一直是个疑问。

读了《天变：辛亥革命纪实》这本书，让我详细了解了上述疑问的一个解答。关于武昌起义，从这本书提供的大量史料来看，革命先驱孙中山先生并没有直接参与策划和组织。当然，孙先生创立的同盟会以及组织的多次武装起义，对当时武昌一带的革命党人（军人）影响深刻。

这本书也使我知道了，辛亥革命的爆发与1911年4月在四川、湖南和湖北发生的"保路运动"密切相关。当时，清朝政府为了以向外国举债来修建中国铁路，宣布了"铁路国有"的政策。没想到，这一政策激起了粤汉和川汉铁路沿线人民的强烈不满。数万人上街游行示威，高呼"路亡国亡""政府卖国"的口号。

对此，政府不但不顺从民意，四川总督还下令开枪屠杀民众。于是，官逼民反，四川爆发"保路同志军"的起义。清政府便调动湖北新军，准备入川进行武力镇压。谁知道，新军中已有很多革命党人（军人）不满政府腐败，早有武装起义的打算。清廷调兵入川，促使革命党人决定提前起义。

但是，武装起义一事后来泄漏，三位革命党人被捕牺牲。新军中的革命党人感到与其坐以待毙，不如起义求生，即于10月10日在武昌打响了推翻大清专制统治的第一枪！起义爆发后，起义军在武昌成立中华民国军政府。受其影响，湖南新军也毅然起义，并一举成功。随后，陕西、山西、云南、上海、浙江、江苏、安徽、贵州、福建、广西、广东等地，也纷纷起义和宣布独立。1912年1月，亚洲第一个

119

共和国中华民国宣告成立，孙中山先生就任临时大总统。……

读完这本书，我对中国近代史的那次"天变"的意义有了深刻的了解。这本书的封面上印着的这么一段话，更是意味深长。"天变，乃天道之变，得道多助，失道寡助。大清王朝轰然倒塌，非其兵不利，非国力不强，实为世界潮流浩浩荡荡，顺之者昌，逆之者亡。"

(3) 神户的孙中山纪念馆 (基于2011年9月2日博客)

七月中旬，曾去神户参加一个纪念辛亥革命一百周年的活动，得知神户市内的孙中山纪念馆里陈列着许多与辛亥革命有关的文物史料。凭着浓厚的兴趣，第二天便驱车前往纪念馆参观，得到了不少意外的收获。

该纪念馆位于神户市垂水区的舞子公园内，正式名称叫孙文纪念馆。附近就是著名的跨度约四千米的明石海峡大桥，对岸是淡路岛，1995年的阪神大地震的震中心就在附近。纪念馆的主要建筑是一栋三层八角的阁楼和一栋两层长方的公寓。

据说，这些建筑在上世纪初曾是浙江出身的旅日华侨吴锦堂的别墅，当时的华侨和神户经济界人士曾在这里举行过欢迎孙中山先生访日的宴会。八十年代，神户的华侨把这些建筑捐赠给神户市所在的兵库县政府，经修缮后作为孙中山纪念馆正式对外展出。九十年代，因明石海峡大桥的动工建设，纪念馆被拆迁到原址西南200米处重新复原。2001年，三层八角的楼阁（叫移情阁）被指定为国家级重点文化遗产。

纪念馆里展览着有关孙中山与日本以及旅日华侨的历史照片、解说和文物，同时也陈列着关于吴锦堂一生和建筑物变迁的详细介绍。其中，关于孙中山先生的一些史料和照片，在中国大陆也不曾看到过，有很高的历史文物价值。

据馆内陈列的史料介绍，孙中山先生早年在日本逗留的时间加起来长达九年，仅进出神户就多达十八次。1913年，孙先生为了反对袁世凯的独裁专制发动了"二次革命"，革命失败后流亡日本。当时，旅日华侨一边把孙先生隐藏起来，一边通过兵库县知事向当时的日本首相请求接受孙先生的政治避难。在日本政府接受这一请求后，孙先生在日本创建中华革命党，重举革命旗帜。

1924年11月，孙中山先生北上与北京政府商议国事，途中经过神户，最后一次访问日本。在神户华侨和商业团体举行的欢迎会上，孙先生发表了关于"大亚洲主义"的著名演说。他讲到，西方列强以武力征服世界，是一种霸道的文化。而亚洲历来用仁义道德感化别人，拥有一种王道的文化。讲大亚洲主义，就是要以仁义道德为基础，反对强权政治。日本国民需要深思，究竟是要做西方霸道的鹰犬，还是做东方王道的干城。

孙中山先生的讲话，不仅对当时已开始向军国主义迈出步伐的日本敲响了警钟，具有深远的历史意义。他的这些思想，我认为，对于现在已成为世界第二经济大国的中国，也提示了美好的社会发展理念，也具有重大的现实意义。

上述所见所感，是七月中旬参观神户的孙中山纪念馆的心得体会。此外，在纪念馆展览的文物中，还亲眼看到了孙先生为日本友人书写的"天下为公"和"博爱"的题词，也是意外的收获。

（4）辛亥革命与建国大纲（基于2011年10月7日博客）

今年的十月十日，是辛亥革命爆发一百周年。一百年前的这一天，驻扎在湖北的清廷新军中的革命党人和军人毅然发动武昌起义，成立了中华民国军政府。对此，全国各省的军民奋起响应，纷纷起义和宣布与清廷独立。三个月后，亚洲第一个共和国—中华民国宣告成立，孙中山先生就任临时大总统。

不久，孙先生将临时大总统一职让给迫使清廷退位的袁世凯。1913年初，参议院大选揭晓，国民党获胜，但其领导人宋教仁被暗杀。为反对袁世凯的专制，孙先生在七月发动二次革命，但因不敌袁家北洋军而失败，后流亡日本。以后，国内军阀混战，社会动荡，民不聊生，革命阵营内部也矛盾尖锐。

对于这一现实，孙中山先生深刻反思，认识到要制定一个适合中国国情的建国纲领，以引导革命取得成功，建设国家实现富强。这一思想具体地反映在他后来制定的《国民政府建国大纲》（简称为《建国大纲》）里。现在重读孙先生的《建国大纲》，依然觉得具有重大的现实意义。这里不妨全文抄录如下，供有志于思考中国现在和未来的朋友从中得到启迪。

《国民政府建国大纲》

一、国民政府本革命之三民主义、五权宪法，以建设中华民国。

二、建设之首要在民生。故对于全国人民之食、衣、住、行四大需要，政府当与人民协力，共谋农业之发展，以足民食；共谋织造之发展，以裕民衣；建筑大计划之各式屋舍，以乐民居；修治道路、运河，以利民行。

三、其次为民权。对于人民之政治知识、能力，政府当训导之，以行使其选举权，行使其罢官权，行使其创制权。

四、其三为民族。故对于国内之弱小民族，政府当扶植之，使之能自决自治；对于国外之侵略强权，政府当抵御之。并同时修改各国条约，恢复我国际平等，国家独立。

五、建设之程序分为三期：一曰军政时期；二曰训政时期；三曰宪政时期。

六、在军政时期，一切制度悉隶于军政之下。政府一面用兵力扫除国内之障碍；一面宣传主义以开化全国之人心，而促进国家之统一。

七、凡一省完全底定之日，则为训政开始之时，而军政停止之日。

八、在训政时期，政府当派曾经训练、考试合格之员，到各县协助人民筹备自治。其程度以全县人口调查清楚，全县土地测量完竣，全县警卫办理妥善，四境纵横之道路修筑成功；而其人民曾受四权使用之训练，而完毕其国民之义务，誓行革命之主义者得选举县官，以执行一县之政事；得选举议员，以议立一县之法律，始成为一完全自治之县。

第四部分　历史的启示

九、一完全自治之县，其国民有直接选举官员之权，有直接罢免官员之权，有直接创制法律之权，有直接复决法律之权。

十、每县开创自治之时，必须先规定全县私有土地之价。其法由地主自报之，地方政府则照价征税，并可随时照价收买。自此次报价之后，若土地因政治之改良、社会之进步而增价者，则其利益当为全县人民所共享，而原主不得而私之。

十一、土地之岁收，地价之增益，公地之生产，山林川泽之息，矿产水力之利，皆为地方政府之所有；而用以经营地方人民之事业，及育幼、养老、济贫，救灾、医病与夫种种公共之需。

十二、各县之天然富源与及大规模之工商事业，本县之资力不能发展与兴办，而须外资乃能经营者，当由中央政府为之协助；而获之纯利，中央与地方政府各占其半。

十三、各县对于中央政府之负担，当以每县之岁收百分之几为中央岁费，每年由国民代表定之；其限度不得少于百分之十，不得加于百分之五十。

十四、每县地方自治政府成立之后，得选国民代表一员，以组织代表会，参预中央政事。

十五、凡候选及任命官员，无论中央与地方，皆须经中央考试、定资格者乃可。

十六、凡一省全数之县皆达完全自治者，则为宪政开始时期，国民代表会得选举省长，为本省自治之监督。至于该省内之国家行政，则省长受中央之指挥。

十七、在此期间，中央与省之权限采均权制度。凡事务有全国一致之性质者，划归中央；有因地制宜之性质者，划归地方；不偏于中央集权或地方分权。

十八、县为自治之单位，省立于中央与县之间，以收联络之效。

十九、在宪法开始时期，中央政府当完成设立五院，以试行五权之治。其序列如下：曰行政院；曰立法院；曰司法院；曰考试院；曰监察院。

123

二十、行政院暂设如下各部：一、内政部；二、外交部；三、军政部；四、财政部；五、农矿部；六、工商部；七、教育部；八、交通部。

二十一、宪法未颁布以前，各院长皆归总统任免而督率之。

二十二、宪法草案当本于建国大纲及训政、宪政时期之成绩，由立法院议订，随时宣传于民众以备到时采择施行。

二十三、全国有过半数省分达至宪政开始时期，即全省之地方自治完全成立时期，则开国民大会决定宪法而颁布之。

二十四、宪法颁布之后，中央统治权则归于国民大会行使之，即国民大会对于中央政府官员有选举权，有罢免权；对于中央法律有创制权，有复决权。

二十五、宪法颁布之日，即为宪政告成之时，而全国国民则依宪法行全国大选举。国民政府则于选举完毕之后三个月解职，而授政于民选之政府，是为建国之大功告成。

民国十三年四月十二日 孙文书

(5) 日本纪念辛亥百年的节目（基于2011年11月25日博客）

11月21日至23日连续三个晚上，观看了日本NHK电视台（相当于中国的CCTV）的BS-Premium频道播放的纪念辛亥革命100周年的历史文献系列节目，看到和了解了一些有关这段历史的新发现和新见解。这里记录一些下来，作为自己历史知识的积累。

该历史文献系列节目分三回播出，各回的标题是，《第一回：孙文与支援革命的日本人》，《第二回：末代皇帝—溥仪的真相》，《第三回：蒋介石及其心中的对日战略》。下面介绍一些自己比较感兴趣的部分内容。

首先，《第一回：孙文与支援革命的日本人》主要介绍孙中山致力于推翻清朝专制和建立民主共和的一生以及支援他的日本友人的事迹。其中提到的宫崎滔天和梅屋庆吉等日本友人对孙中山革命活动的支持和帮助，已广为人知，在此不再重复。

第四部分　历史的启示

我印象更深的是节目中介绍的山田良政的事迹。1900 年，孙中山组织惠州起义。山田参加策划，并奉孙中山指示去惠州，在作战中牺牲，被孙中山称赞为"外国人士为中国共和牺牲之第一人"。节目中还展示了孙中山以后为山田父亲亲笔书写的"若吾父"题词，可见他对山田的情谊。山田的胞弟纯三郎后来也追随孙中山参与革命活动，成为孙中山去世时在场的唯一外国人。

《第二回：末代皇帝—溥仪的真相》则介绍了因辛亥革命爆发而退位的清朝末代皇帝溥仪传奇动荡的生涯。其主要内容目前也已众所周知，无须这里多加叙述。值得一提的是，节目中提到，1928 年，已成为国民革命军军长的孙殿英将清东陵中的慈禧和乾隆的寝陵偷盗一空。对此，溥仪恨之入骨，画了一幅刀劈孙殿英的漫画。让人感到，这一事件与以后溥仪成为伪满洲国皇帝和与国民政府对立不无关联。

此外，节目中还采访了伪满洲国时代溥仪身边的日本随从吉冈安直的女儿，介绍了她所知道的关于溥仪的情况。据节目介绍，吉冈安直在二次大战结束时与溥仪一起被苏联红军逮捕，关押在西伯利亚。吉冈后被指控对苏联从事间谍活动，数年后病死在狱中。但是，九十年代初，该指控获得澄清，其名誉得到恢复。由此推想，八十年代末获得奥斯卡奖的好莱坞电影《末代皇帝》中的部分情节，说不定也需作些更正了。

最后，《第三回：蒋介石及其心中的对日战略》中介绍了蒋介石的一生及其与日本的关系。其中提到，2009 年，蒋介石记了五十年的日记对外公开，其中记录了其生前发生的重大事件及其感想。该日记具有极高的历史学价值，并有使史学界改写近代史某些说法的可能。

节目通过许多史料和实地场景介绍，蒋介石 1906 年赴日留学，结识孙中山。后去新泻进入当地的军官学校学习，专业为炮兵。该学校校舍现在仍为日本陆上自卫队使用。辛亥革命爆发后，蒋介石脱离该学校准备回国，曾受到日本宪兵的通缉。回到上海后，蒋介石参加上海响应武昌起义的行动，军事才能初露头角。

节目还认为，早年留学过日本的蒋介石曾想借助日本的经验和支

125

援改变当时中国社会的现状。但是，以后的历史却使他成为抗日的主要领导人。二战结束时，蒋介石发表了对日"以德报怨"的讲话，也与他个人的经历和信仰不无关联。

看了NHK纪念辛亥革命100周年的历史文献系列节目，使人感到辛亥革命及其以后的100年的中国现代史与日本有着密切的联系。关于辛亥革命，各种历史资料正在不断地被发现和披露，目前盖棺定论实在太早。对于这一百年的中国现代史，人们也需要以更求实和更科学的态度去理解。

14 明治维新与日本的现代化

（1）起起落落的日本现代化（基于2010年10月1日博客）

最近读完了《日本的起起落落：从德川幕府到现代》一书（原著作者：Andrew Gordon，原著题目：A Morden History of Japan: From Tokugawa Times to the Present，李朝津译，广西师范大学出版社2008年第一版，共455页）。

感谢一年前一位博友在评论中介绍了这本书。我从国内购书网上找到这本书，后来又在日本的图书馆查其英语原著和日语译本的所在，发现这是一本介绍日本近代和现代史的通俗易懂且具代表性的书籍。在过去的半年里，我在周末节假日和出差旅途中慢慢阅读此书，最近看到了最后。

这本书详细解说了从明治维新之前的德川幕府时代到上世纪九十年代泡沫经济崩溃之间的日本政治・经济・社会的发展和变化。原著作者Andrew Gordon（安德鲁・戈登）是美国哈佛大学日本史专家，这本书提供了美国史学家对日本现代化过程的系统解读和看法。我个人觉得其中的观点比较客观和对其他国家也有参考价值。

读完这本书后的最大感受是，现代日本的政治・经济・社会，不仅是第二次世界大战结束后六十多年的经济发展的结果，同时也是明治维新以来近一百五十年的日本现代化过程的产物。过去六十多年日

126

本经济发展的经验固然值得我们学习和借鉴，在那之前的近百年的日本社会现代化的过程也需要我们去了解和思考。

大约一百五十年前，日本大胆引进西方的思想·制度·文化·科学技术，建立现代化的内阁体制和地方自治制度，制定了殖产兴业和富国强兵的政策，使明治维新取得了成功。相比之下，中国的洋务运动和戊戌变革等相继失败。以后，辛亥革命推翻了大清王朝，建立了共和体制，但是，很长的一段时间里，军阀混战，民不聊生。为什么日本的明治维新成功了，使其进入列强的行列？为什么中国的戊戌变法等就没能成功，从而长期摆脱不了半封建半殖民地的状况？对这些问题，不深入研究和比较日本和中国的现代化历史的话，是无法找到使人满意的答案的。

更令人深思的是，明治维新的成功虽然使日本的现代化得到长足的进展，但是并没有给日本带来持续的经济发展和真正的自由民主的局面。上世纪二十年代的世界性经济危机后，日本开始进一步地向中国和亚洲其他国家扩张。不健全的宪政制度和对军队的控制体系使日本走向军国主义的深渊而积重难返。最后，日本军国主义者挑起中日战争并发动太平洋战争而战败，把日本近百年的现代化的努力领入歧途，给日本和世界人民带来了深重的灾难……

读了《日本的起起落落：从德川幕府到现代》一书，使我更加深入地了解了日本从明治维新的"起"到二次世界大战后的"落"，从二次世界大战后的"落"到其后的经济高速增长期的"起"，以及从经济高速增长期的"起"又到泡沫经济崩溃后的"落"的整个现代化的过程。正所谓，塞翁失马，焉知非福；塞翁得马，焉知非祸。

(2) 现代化中的"痛痛病"（基于2011年12月16日博客）

两周前的周末，我曾去位于日本海沿岸的富山市参加日本应用区域科学学会的第25届年会。在从JR富山站去会场的路上，出租车行驶到一座跨江大桥上时，年长的司机主动介绍道，这就是有名的神通川，日本"痛痛病"就曾发生在这一带。

所谓"痛痛病"是发源于日本的四大公害病之一。其他三个分别是熊本水俣病、新泻水俣病和四日市哮喘病。它们的名称里都有发源地的地名，到那些地方旅行时自然事先就会知道。而"痛痛病"未标发源地名，因此听说就发生在附近，感到震动很大。没想到，今年的学会地点安排在"痛痛病"的"故乡"。

学会回来后查了一些资料得知，"痛痛病"早在上世纪初就开始在富山的神通川一带出现。那时，日本实行富国强兵政策，整个社会开始走向现代化。神通川上游地区是日本的铝矿和锌矿的开采基地。"痛痛病"则是由于这些矿山工厂随意排放的含镉废水污染了水源和耕地所造成。上世纪五十年代中期，当地的医生根据该病的患者都叫喊"痛痛"（日语为Itai-Itai）而命名该病为"痛痛病"（Itai-Itai Disease）。

六十年代末，日本政府正式确定"痛痛病"是因慢性镉中毒引起的软骨化症状，而镉的主要来源就是神通川上游的矿山工厂排放出来的工业废水。七十年代初，根据日本的健康受害救济法，有九十多名患者被认定为"痛痛病"受害者，得到了一定的经济赔偿。

神通川一带的土地被指定为受污染的土地，七十年代开始了清除污染和恢复原样的工程。该工程涉及费用负担的问题、农民改行就业的问题以及农地转让等问题，花了很长时间才得以解决。工程历时近四十年，预定在2011年的今年才能竣工完成。

据出租车司机的介绍，经过过去四十年的努力，现在"痛痛病"在富山一带已基本消失了。然而，日本在其实现现代化的过程中，因为环境的污染而付出了沉重的代价，是永远遗忘不了的一个历史悲剧。令人不可思议的是，现在世界上依然有不少发展中国家，在现代化建设中仍在重复和重演日本过去的这种悲剧。

(3) 维新为何先发生在日本？ （基于2014年2月14日博客）

公元1894年的甲午年，日本已成功地经历了明治维新。四年后，中国发生了戊戌维新（变法），但百日后就失败了。于是，中日的近代史给人们留下了一个谜：为什么这样的维新（变法）先发生在日本而不是在中国？这个谜底的价值可能并不亚于著名的"李约瑟之谜"，即为什么工业革命先发生在英国而不在中国？

一般来说，维新（变法）即社会制度的变革或改革，其根本的原因是经济发展的需求，而经济发展又取决于市场的发展程度。最近关于十九世纪中日两国市场发展程度的比较研究的成果表明，十九世纪前半叶的日本的市场发展程度高于当时的中国。（注）因此，当时日本的经济发展需求程度要大于中国，因而更容易引发关于整个社会的制度变革即维新。这也意味着，市场经济的发展必然会导致整个社会制度的根本变革。

事实上，关于市场发展程度与经济发展的关系，现代经济学的创始人亚当·斯密在其《国富论》中就早有过论述。他指出，市场的发育程度将促进劳动的分工以及资源的最优配置，从而带来生产力的提高即经济的发展。针对这一论述，经济学家及经济史学家进行过许多实证分析和论证。但是，他们的分析大多局限于关于欧洲或中欧之间的对比上，而中日之间的比较研究很少有人问津。

对此，笔者近年参与的一项研究则以十九世纪中日两国的市场发展（或一体化）程度的比较为对象，运用了一些时系列计量经济学的先进手法，对十九世纪中国南方地区和日本本州岛以西地区的各地米价之间的协整关系（cointegration）进行了定量的分析，得到了一些有意义的结果。其主要部分即将在一国际SSCI学术期刊上登载发表。（注）

该研究的主要结果是，十九世纪前半叶，日本各地米价之间的协整程度明显高于当时的中国南方各地。这说明，当时日本的市场发展程度高于中国。由此可以推论，当时日本的经济发展的需求程度也高于中国，因而促使关于整个社会制度的变革先在日本产生。该变革便是十九世纪后半叶的明治维新。

关于十九世纪前半叶日本市场的发展程度，人们可以从当时的大阪大米市场已开始大米期货交易这一史实也可以想象出来。根据史料，早在十八世纪，大阪的大米商人为了保证货源和降低仓储成本，便开

129

始以约定的价格和数量，用定金的方式与农民预约交易。全世界的第一张期货合同和期货清单，可以说是在当时的大阪大米市场诞生的！

研究的另一项主要结果是，十九世纪后半叶（1875-1891年）的日本各地米价之间的协整程度明显高于该世纪的前半叶。这又说明，经过了明治维新（1868年前后），日本的市场发展程度得到了进一步的提高。也就是说，像明治维新这样的关于整个社会的制度变革，使市场经济更加一体化，从而带来了经济的进一步的发展。

由此可见，市场（一体化）的进展既是经济发展的原因，也是经济发展的结果，经济发展则需要变革整个社会制度来与其相适应。用现代常用的语言来解释的话就是，市场经济的进展必然带来经济的发展，而经济的发展势必要求整个社会制度的根本改革。这种社会制度的根本改革，又可以促进市场经济的进一步的发展。

（注）Yao, Ke and Xiao-Ping Zheng (2016) "A Comparison of Market Integration in Nineteenth-century China and Japan", Australian Economic History Review. Vol.56, No.3, pp.246-271.

（4）日本明治维新的启示（基于2014年2月21日博客）

今年是甲午年，使中国人难免想起一百二十年前的甲午战争。而提起甲午战争又不得不说到甲午战争之前在日本发生过的明治维新。分析一下明治维新发生的前提条件，了解一些明治维新实行的改革变法，再比较一番中国当时的戊戌变法，并联想一下以后日本发生的事情，似乎可以得到不少意味深长的启示。

首先，明治维新发生的前提条件，是市场经济的发育和发展。根据最近关于中日近代经济史的一些比较研究的结果，在明治维新发生前的十九世纪前半叶，日本经济的市场（一体化）发展程度已明显高于当时的中国。显然，发展程度较高的市场经济，需要变革社会制度与之相适应。因而，像明治维新这样的关于整个社会制度的变革，便容易先发生在日本而不是在中国。

由此可以推论，随着市场经济的发展，关于整个社会制度的变革迟早将会发生。同时，日本明治维新成功后的社会发展和中国戊戌变

130

第四部分　历史的启示

法失败后的大清王朝的衰退灭亡又寓意着，顺应这种变革的话，社会就会进步和发展。反之，如果这种变革趋势受到阻碍，社会就会停滞乃至倒退。

其次，明治维新是一次关于日本整个社会制度的综合变革。在政治方面，明治维新结束了封建专制的制度，建立了君主立宪和三权分立的国家体制。在经济方面，该维新废除了封建领主土地所有制度，确立了土地私有及其买卖自由。同时，明治政府积极推行"殖产兴业"的政策，引进西方的技术和人才，兴办企业，建设社会基础设施。在社会方面，明治维新倡导学习西方的文明，建立近代教育体制，推广西方的生活方式。显而易见，这种关于整个社会制度的变革，是不会局限在某一领域中的。

第三，明治维新的成功与日本天皇的变革意向密切相关。早在维新的初期，德川幕府政权一方与倒幕运动一方几乎势均力敌。1867年，倾向与幕府政权联合的孝明天皇去世，明治天皇即位。倒幕运动一方的政治主张，即宣布废除幕府，一切权力重归天皇，得以实现，从而为日本建立君主立宪制奠定了基础。

回头再看一下后来在中国发生的戊戌变法的过程。戊戌变法开始时得到了光绪皇帝的支持，因而得到了一定程度的展开。但是后来，慈禧太后囚禁了光绪皇帝，抓捕了改良派人士和废止了改良派实施的变法，使戊戌变法中途失败。由此，在日本，明治天皇有时被日本人称为"明君"及"大帝"。而在中国，慈禧太后则因失去大清的江山和使晚清的中国衰退落后而成为千夫所指。

第四，明治维新的成功也与明治时代的各界精英和民众的积极参与密切相关。明治维新是日本社会现代化道路上的重要里程碑。因而，直到现在，明治维新中涌现出来的各界精英一直是文学及影视作品的重要题材。如倒幕运动领袖高杉晋作、大久保利通和西乡隆盛，促成倒幕各派联合的坂本龙马，明治政府出访欧美大型使节团主要成员岩仓具视和木户孝允，起草《明治宪法》并成为日本第一任内阁首相的伊藤博文，主张"脱亚入欧"和创办庆应大学的福泽谕吉，等等。此

131

外，明治维新期间，广大农民发起的各种起义暴动和一般民众参加的自由民权运动，使明治政府意识到制定宪法和开设民选议会的重要和迫切。宪法的制定和民选议会的开设，又促进了经济的发展和社会的稳定。

最后，也应该指出，明治维新有一定的时代局限性和历史性的缺陷。明治维新中制定的《明治宪法》是日本及亚洲的第一部宪法，承认了人民的基本权利和参政权，确立了三权分立的国家体制。该宪法也规定了天皇对军队拥有统帅权，但没有提及该权利是否应该受到议会的制约。这一缺陷为以后日本军方干涉政治及独断决定对外军事扩张和侵略提供了机会。此外，明治维新发生在帝国主义列强称霸瓜分全球的强食弱肉的时代。维新使日本经济得到了发展，同时也使一部分人产生了对外扩张和军国主义的思想。这种思想的失控和制度上的缺陷，最终导致日本发动和卷入各种各样的战争，直到1945年迎来其现代化道路上的最沉重和最惨痛的失败。

（5）日本的自由民权运动（基于2014年2月6日博客）

一百二十年前的甲午战争爆发的时候，中国仍然处于大清王朝落后腐败的封建专制制度的统治之下，而日本却已经历了明治维新，制定了宪法和召开了民选议会，初步建立了先进的资本主义社会制度。因此，当时大清虽然拥有装备超过日本的北洋舰队，但专制的社会制度以及腐败的军队终究打不了胜仗。

然而，日本的明治维新以及制定宪法和召开国会，并不是一朝一夕就顺利实现的。在其实现的过程中，发生在当时日本的自由民权运动起到了巨大的推动作用。该运动开始于1874年日本民间提交的《民选议院设立建议书》，主张开设国会，减轻地租，修改与列强的不平等条约以及保障言论和集会自由等。运动一直持续到1890年的日本国会的正式召开方告平息。

早在1868年日本明治时代的开始，明治新政府为了实现富国强兵的目的，积极推进中央集权化的策略。然而，在新政府的施政纲领

《五条誓文》中表明的要尊重公论的理念并没有很好地得到贯彻落实。对此，1874年，日本自由民权运动的发起人板垣退助等人向政府提交了《民选议院设立建议书》，呼吁让纳税人直接参与国家政治，官民共同建设国家。

该建议书在报刊上发表后，引起了日本全国上下的强烈反响，成为自由民权运动的开端。之后，板垣等人回故乡高知成立"立志社"，积极宣传"天赋人权"的道理。在他们的影响下，日本各地兴起了结社集会的风潮。1875年，全国以"立志社"为中心成立了"爱国社"，自由民权运动开始普及。

针对自由民权运动的兴起，明治政府公布了明治天皇关于逐步建立宪政体制的诏书，同时制定了《新闻（即报纸）条例》和《诽谤律》等法令，加强对民众言论行为的控制。1877年，立志社成员再次向政府提交建议书，要求召开国会，减轻地租和修改与列强的不平等条约等。这些要求与日本农民要求减轻地租的运动相结合，汇合成全国性的自由民权运动。

1881年，明治政府内部发生了官僚低价变卖国有资产的丑闻。以此为契机，日本国民要求召开国会和尊重民意的呼声更加高涨。明治政府遂公布了《国会开设敕谕》，保证在十年后开设民选议会和制定宪法。在此以后，各种政党纷纷成立。同时，各政党及团体分别提出各自的宪法构想。

在以后的十年里，日本的经济经历了通货膨胀以及紧缩的变动。物价的下跌导致了农民生活的贫困以及城市人口的增加。民众对政府政策的不满也引发了许多社会动荡性的事件。1887年，自由民权运动再次展开向政府的请愿活动，提出减轻地租、言论集会自由和实现对外条约平等的要求。对其中的一些过激行为，明治政府则制定了《保安条例》进行管制。

到了1889年，明治天皇颁布了日本的第一部宪法，自由民权运动开始接近尾声。根据这部宪法，1890年7月，日本举行了第一次大选，选举产生了第一届的国会议员。当时有资格参加选举的，是交纳过15日元以上国税的二十五岁以上的男子，仅占日本全国人口的百分之一。自由民权运动由此宣告结束，但它推动了日本制定宪法、开设民选议会及建立初步的现代社会制度。

15 甲午年间议"甲午"

（1）甲午年初的感想（基于2014年1月3日博客）

元旦期间，新春试笔，写了"马到成功"四个大字。在落款写农历年份时注意到，今年是甲午年！就是少儿时代看过的著名电影《甲午风云》的甲午年！有生以来，第一次过甲午年，以后也不会再遇上一次。现在不提笔写写甲午的话，以后就不一定有此机会了。

一百二十年前的甲午之年，中国和日本之间爆发了甲午战争。大清战败，日本取胜，中日之间签订了有名的《马关条约》。六十年后的甲午年，中国开始对所有制进行社会主义改造，日本则进入二次大战后的高速经济增长的时代。今年再遇甲午，中国的改革开放迎来了继往开来的重要阶段，日本的经济出现了十几年来未遇的景气局面，但中日两国的外交关系却好像进入了建交以来的最关键的时刻。

现在看来，一百二十年前的甲午年代，人类社会正处于帝国主义瓜分称霸世界的时代。国家之间竞争和对立的结果是你死我活，强食弱肉。现在盛行的互惠双赢及人性人道的理念还没有成为主流。在那种历史时代的背景下，甲午战争的结果使日本一跃开始进入帝国主义列强的行列。

甲午战争之后，日本国内的军国主义思潮空前泛滥，富国强兵的国策进一步加强，以战争方式在亚洲称霸扩张的倾向步步升级。1904年日本与俄罗斯之间爆发战争，日本军方在1931年发动"九一八事变"，在1937年挑起"卢沟桥事变"，又在1939年偷袭珍珠港，直至1945年日本宣告战败投降。

甲午战争的结果，也使大清王朝国力削弱，衰败落伍。然而，清政府依然不肯积极引进西方先进的思想和制度，改革国内已经不适合时代潮流的陈规旧习。十几年后，武昌新军一声枪响，便引起全国各省的独立和起义，惨淡经营了近三百年的大清王朝在一瞬间就倒塌崩溃了。

在回顾了一百二十年前的甲午之后，人们自然又会想起六十年前的甲午年代。1954年的甲午之年，中华人民共和国刚成立五年，日本二次大战战败还不到十年。据最近从微信上传来的一个帖子的写法，那时候中国的人均GDP还略微高于日本。两国均处于内外大战之后的经济复兴的时期。

1954年前后，中国对生产资料所有制实行了社会主义改造，很快建立了以公有制为基础的计划经济的体制。然而，后来的事实证明，计划经济的实践以失败告终。在三十多年之后的九十年代初，中国正式放弃计划经济的体制，开始实行市场经济的制度，使有幸生活在九十年代以后的大多数中国人尝到了经济高速增长的实惠。

也就是在1954年左右，日本在美国占领军的干涉下完成了关于土地、劳工及企业组织的制度改革，进入了战后经济高速增长的阶段。六十年代，日本就建成开通了新干线高速铁路，组办了东京奥运会。七十年代初，日本成为世界第二大经济实体。该经济地位在三十多年后被中国所取代，但目前日本的人均GDP仍然居于世界前列。

从上面罗列的历史事实来看，甲午年似乎均预示着中日两国重大历史时代的开始。由此类推的话，甲午的今年也不会例外。事实上，中国的改革开放已迎来了继往开来的重要时期。经济改革需要进一步深化，政治改革也会长足地进步。同时，日本的经济经过十几年的长期低迷徘徊后终于出现了复苏增长的征兆。但是，中日两国的外交关系却出现了建交以来最紧张的局面。

(2) 甲午：制度改革与完善（基于2014年1月10日博客）

今年是甲午年，中国人一般都会联想起一百二十年前的甲午战争。该战争在日本被称为日清战争，故日本人也许已不知道其与甲午的关系了。在一百二十年后的现在来看甲午战争的话，人们可能都会赞成这样的观点，即当时的大清主要输于落后陈旧的制度，而日本则赢于社会制度的先进。

然而，再到下一个甲午年左右（即上世纪的四十年代后期）来看的话，日本在第二次世界大战中一败涂地，无条件投降。分析一下其主要原因的话，人们不难发现，一时先进的社会制度依然存在着严重的缺陷和隐患。如果不进一步改革完善社会制度的话，其缺陷和隐患会导致产生致命的失败。

众所周知，在一百二十年前甲午的再二十多年前，日本实行了明治维新，引进西方先进的社会制度和科学技术，开始建设现代化的国家。其现代化的重要标志之一，便是在1889年制定公布的《明治宪法》。该宪法规定日本天皇神圣不可侵犯，总揽全国的统治权。同时也写明，天皇颁布的法律敕令均须国务大臣的副署。这表明，天皇拥有最高权威，但也不能单独行使其权力。

此外，《明治宪法》还规定了日本的议会制度和议员选举产生的方法。该宪法指出，议会对立法及政府预算有议决权。甚至还写道，天皇在议会闭会期间，可以发布敕令代替法律，但必须事后得到议会的认可。如果议会不认可的话，政府应宣布该敕令失去效力。从这些内容可以想象，日本当时的社会制度远远优越于大清王朝的皇规国法。这也基本决定了五年后的甲午战争的胜负结局。

然而，《明治宪法》存在着许多严重的缺陷。其中主要的一项便是天皇对军队的统帅权问题。该宪法规定天皇统帅军队，决定军队编制及兵力。虽然该宪法的其他条款也强调了议会对立法及政府预算的权限，但没有明文规定天皇对军队的统帅权是否受议会的制约。这一缺陷，为以后日本军方借口维护天皇的统帅权无视政府及议会的不同意见，对外实行军事扩张侵略提供了机会。

到1930年，当时日本的浜口雄幸内阁与西方各国缔结了海军裁军条约。日本海军首脑等便指责内阁擅自决定军队的兵力，触犯了天皇所拥有的统帅权。同年11月，浜口总理遭右翼分子的刺杀后身亡，浜口内阁全体辞职。该事件之后，日本由政党主持政治的制度开始倒退，军方藐视政府的决定甚至操纵驾驭政府的倾向日趋严重。以后，日本军方发动"九一八事变"，挑起"卢沟桥事变"，偷袭珍珠港，直至1945年的全面战败，给日本的现代化带来了惨痛的教训。

二次大战以后，日本重新制定公布了新的宪法，即现行日本宪法。其中明确规定，天皇有关国事的一切行为，必须有内阁的建议和认可，天皇只能行使有关国事活动，而无关于国家政治。这一规定明文限制了天皇的权限，改正了《明治宪法》中的严重缺陷。同时，现行日本宪法还明确规定日本放弃战争，不持有军队和不承认国家的交战权。在制度上保障了日本战后没有直接参与战争，因而得以专心致力于经济的发展。

（3）甲午年后的戊戌年（基于2014年1月17日博客）

不知在国内中学的历史课上，老师会否问这样的问题：甲午年后过几年就是戊戌年？对中国人来说，这个问题太好回答不过了。因为，大多数人都在中学历史教科书上学到过，迄今一百二十年前的甲午战争结束后的第四年即戊戌年，中国发生了著名的戊戌维新。然而，该维新只进行了一百多天就失败了，故被称作百日维新或戊戌变法。

一百二十年前，大清王朝在甲午战争中输给日本，割地赔款，社会制度的陈旧腐败已到病入膏肓的程度。戊戌年间，康有为等人效仿日本的明治维新，说服光绪皇帝进行维新变法，试图建立君主立宪的制度，重振大清王朝。然而，戊戌维新却没有像明治维新那样取得成功。现在来回顾一下戊戌维新和明治维新的成败过程，可以得到一些温故知新的启发。

1898年的戊戌年6月，康有为等清末改良派人士通过光绪皇帝进行社会制度的改革变法。其内容包括，学习西方，改革政治体制，建立现代教育制度，提倡科学文化，发展农、工、商业等。但变法遭到了以慈禧太后为代表的保守派的强烈反对。9月慈禧太后囚禁光绪皇帝，抓捕改良派人士，废除了改良派实行的几乎所有的变法措施。戊戌维新历时一百零三天便告失败。

137

戊戌维新在其内容上也与日本的明治维新十分相似。但是，为什么明治维新成功了，而戊戌维新却失败了？这个问题经常引起众多中外历史学家的兴趣，有过许多不同的解释。这里，笔者没有能力系统深入地探讨这一问题，只是想简单地比较一下戊戌维新和明治维新的成败过程。

了解日本近代史的人都知道，明治维新发生在1868年前后。在此之前，德川将军的幕府政权对日本实行了长达二百六十年的闭关锁国的统治，使当时的日本已无法有效对应来自西方列强的开国通商的要求。幕府政权下的一些地方藩主便产生了推翻幕府（倒幕）的动机。对此，幕府为了维护其既得权益，对这些藩主及其名下武士进行了残酷的镇压和迫害。

当时，日本的天皇及其朝廷一直处于与国家政治无关的状态。幕府一方和倒幕一方分别形成与朝廷联合或把政权归还朝廷，从而加强或实现统治全国的构想。就在双方争锋相对，相持不下的时候，1867年，倾向与幕府联合的孝明天皇去世，明治天皇即位。年底，新天皇颁布了《王政复古大号令》，宣布废除幕府，一切权力重新归属天皇。1868年3月，明治天皇公布新政府施政纲领，新政府开始了一系列的制度改革。其中包括，"废藩置县"、土地改革、"殖产兴业"、富国强兵、文明开化、开办教育等。

比较一下戊戌维新和明治维新的过程，我们不难看出，国家的最高统治者或精神领袖对于改革变法成败具有决定性的作用。在戊戌维新中，开始时光绪皇帝支持康有为等人的变法，使变法得以展开。但是后来，慈禧太后囚禁了光绪皇帝并废除了变法，使戊戌维新半途夭折。而在明治维新中，开始时孝明天皇站在幕府的一方。但是后来，孝明天皇去世，明治天皇即位。新天皇接受了倒幕一方的变法建议，宣布废除幕府，促使明治维新走向成功。

再从结果来看，慈禧太后废除了戊戌维新，使清廷内部暂时得到了安定，但是社会制度的腐败陈旧没有改变。她去世后不久，武昌起义的一声枪响，很快带来了大清王朝的崩溃灭亡。与此相反，明治天皇开明地接受了倒幕一方的改革变法，使日本刷新了社会制度，开始走向强大，为一百年后日本社会实现现代化和成为世界第二大经济实体也打下了政治和经济制度的基础。

（4）甲午前日本的那些改革（基于2014年1月24日博客）

一百二十年前发生的甲午战争的结果，使许多中国人认识到了社会制度的改革对于一个国家的民富国强是多么的重要。那时的甲午年代，日本已基本完成了明治维新的改革变法，建立了先进的资本主义社会制度。而大清王朝虽然拥有远东一流的海军，但实行的依然是腐败落后的封建专制主义社会制度。甲午战争的胜负，便是这两种社会制度较量的必然结果。

甲午战争之后，中国人对腐败落后的社会制度进行了各种各样的改革、变法乃至革命。1898年发生了戊戌变法，但百日过后便宣告失败。1911年爆发了辛亥革命，彻底推翻了大清王朝。但是，1925年孙中山先生去世时仍遗言，革命尚未成功。为什么在中国进行社会制度的变革就这样的艰难？想要思考这个难题的话，了解一下甲午之前日本搞过的改革变法应是有益无害的。

早在甲午战争的二十六年前即1868年，日本的明治天皇颁布了明治新政府的施政纲领《五条誓文》，表明了要尊重公论，打破旧习，官民一体，求知于世，发展经济的基本思想。其中，尊重公论的思想为以后日本建立民选议会制度奠定了基础，求知于世的思想则促进了日本向世界开放和向西方学习。

1869年，为了加强中央集权统治，明治政府命令地方藩主将权力上交给中央政府，原藩主成为中央政府任命的地方首脑，领取俸禄。两年之后，明治政府又实施了"废藩置县"的改革，即废除全国各藩，统一设立府县行政单位。该改革为日本以后建立的地方自治体制奠定了行政的基础。

1870年，明治政府为发展工业设立了工部省。该省引进西方的技术设备，建立了日本的近代军事工业。1873年，明治政府还设立了内务省，主管农业、加工业和海运等产业的发展。同时，明治政府还积极扶植私营企业，奖励贸易，创办银行，开设邮政通讯设施，促进铁路及海运的发展。这些均属于明治维新中的"殖产兴业"和"富国强兵"的内容。

1872年，明治政府的文部省公布教育体制，大批建设小学，为以后的义务教育的普及打下了基础。1877年，东京大学成立，其前后又有许多私立大学得以创立。明治政府还向西方各国派遣了大量的留学生，并不惜重金引进招聘了许多外国的专家来日本任教和指导。留学生为日本引进了许多西方的思想文化和科学技术。报纸杂志也大量创刊发行。

随着西方思想的普及，自由民权运动在日本国内开始兴起。1874年，板坦退助等人向政府提交了《设立民选议院建议书》，要求设立民选议院，给予人民选举的权力。1881年，明治政府发布《国会开设敕谕》，保证在十年后开设民选议会和制定宪法。以后几年中，一些政党相继成立，宪法也开始起草。1889年2月，日本的第一部宪法即《明治宪法》正式公布。

《明治宪法》也是亚洲各国中的第一部宪法，标志着日本告别了陈旧的封建专制主义的社会制度，建立了先进的资本主义社会制度。也就在该宪法公布后的第五年，中日之间爆发了甲午战争。社会制度的先进与落后，决定了国家之间战争的胜负。至于以后中国的制度改革为什么依然十分的艰难，与日本搞过的那些改革变法在中国却一直都没有搞成功不无相关。

16 跨越"中等收入陷阱"

（1）日本是如何跨越"陷阱"的？ （基于2014年6月13日博客）

最近中国国内流行的"中等收入陷阱"一词，是指一个国家在人均收入达到中等水平之后，经济发展停滞不前，无法成为发达国家的现象。目前，在东南亚以及拉美地区，确有许多国家，人均GDP均

第四部分 历史的启示

已达到了三千至一万美元之间的中等水平，但长期没能突破一万美元大关，被怀疑是否落入了该陷阱。2012年中国的人均GDP已达到了6100美元，显然如何跨越"中等收入陷阱"已成为重要的政策命题。

在亚洲，日本是最早跨越"中等收入陷阱"的国家。上世纪七十年代初，日本经过了十几年的高速经济增长，人均GDP达到三千美元，成为世界第二大经济实体。十多年后的1983年，日本的人均GDP超过了一万美元，即跨越了"中等收入陷阱"，成为当时东方唯一的发达国家。在那十多年里，日本是怎样跨越现在尚有许多国家还不能自拔的"中等收入陷阱"的？

上世纪七十年代初，日本遭遇的第一个"中等收入陷阱"的挑战，莫外乎于当时国际经济环境发生的突然变化。1971年，美国总统尼克松宣布停止美元与黄金的兑换，导致固定汇率体制的崩溃。不久后，日本便开始实行浮动汇率体制，日元大幅度增值，给大批出口产业带来巨大的压力。1973年10月，第四次中东战争爆发，原油价格急速上升，引起了全球性的能源危机，也使得日本出现了严重的物价上涨和通货膨胀。

对此，日本对其经济结构及时进行了一系列的改革和调整。在企业层面上，大力推行节能技术的开发，普及机器人和数控机械等自动生产线，募集自愿退休人员和削减招工人数，压缩产品及部件的生产流通成本，提高企业的经营效率。在产业方面，选择汽车、家电、电子等优势领域，加强对美国和欧洲的出口，从而带动其他产业的发展。在宏观调控方面，先采取货币紧缩政策对应通货膨胀，然后转换财政政策，扩大公共投资，唤起有效需求，使国民经济回复和保持稳定的增长。

日本面临的第二个"中等收入陷阱"的问题，是环境污染和收入差距的扩大。事实上，这些问题早在上世纪六十年代中已开始出现，可以说是高速经济增长带来的负面遗产。比如，六十年代后期，日本国内先后发生了著名的四大公害诉讼事件（新泻及长崎的水俣病、四日市的大气污染、富山的"痛痛病"），倍受公害危害的民众团结起来，

141

状告排放公害物质的企业，追究地方及中央政府管理不得力的法律责任。又如，六十年代日本国内的城乡收入差距达到战后最高，大量的人口从农村涌入大城市，既加剧了大城市地区的拥挤问题又带来了广大农村的人口流失。

值得庆幸的是，日本政府在六十年代就开始对应上述环境保护和收入差距的问题，没有使得这些社会问题积重难返而成为经济发展中的"中等收入陷阱"。1967年日本制定了公害对策基本法，1970年召开了被称为"公害对策国会"的参众议会，通过了十四个防止公害的法律，其中包括防止水质污染、处理垃圾、企业负担防止公害以及处罚公害犯罪等专项法律。此外，早在1962年，日本制定了首次全国综合开发规划，提出了国土均衡发展的目标。该规划根据以后的社会经济变化在1969年第二次更新制定，在1977年第三次重新编制。这些规划为区域经济的协调发展和避免区域经济差距的扩大起到了积极的作用。

还值得一提的是，上世纪六十年代的高速经济增长，也给日本留下了其他的一些重大的社会问题，差点使日本落入"中等收入陷阱"。比如，日本在七十年代中摄制的著名电影《追捕》中描述的国会议员及政府高官接受企业的贿赂、营私舞弊甚至杀人害命，便是典型的事例。幸好日本在战后的经济发展中比较重视法治国家的建设，司法独立于立法和行政，像《追捕》中主角杜丘一样的司法人员大多刚正不阿，从而在法律上保障了日本社会向发达国家的平稳过渡。

事实上，在现实社会中，七十年代初曾为中日邦交正常化作出巨大贡献的日本首相田中角荣，1974年因其与金钱的瓜葛被日本社会媒体追究而被迫辞职，1976年又因被指控接受美国企业的巨额贿赂而被东京警视厅逮捕，1983年被东京地方法院判处四年有期徒刑。田中对此不服，提出上诉。1987年东京高等法院判决维持原判。田中仍然不服，再向日本最高法院上诉。1993年，在日本最高法院作出最终判决之前，田中病逝。根据日本法律，该诉讼宣告中止。

第四部分 历史的启示

（2）"陷阱"是怎样形成的？（基于2014年6月27日博客）

提起"中等收入陷阱"一词，人们一般认为是世界银行在几年前的一份报告中提出的概念。的确，在该银行于2007年4月公布的题为East Asia and Pacific Update：10 Years After the Crisis的报告中可以找到这一词汇（英文版第三页）。但不知该报告又是如何分析"中等收入陷阱"是怎样形成的？

遗憾的是，这份报告中并没有详细展开关于"中等收入陷阱"的成因分析。不过，该报告英文版第三页上的后面的一段话，很有启发意义。"历史告诉人们，许多国家可以很快地实现中等收入的水平，但很少有国家能够顺利地跨越这一水平，因为这时所需要的政策更为复杂更需挑战技术、政治及社会方面的问题"。

我认为，所谓"中等收入陷阱"起因于一个国家或地区从低收入向中等收入发展过程中的各种经济社会矛盾的积累和作用。其中有些矛盾在从低收入阶段开始经济"起飞"时就已经存在或发生了，有些则主要产生于经济进入中等收入阶段之后。显然，如果不能很好地解决或缓和这些矛盾，经济发展将长期停滞在中等收入的水平，即落入"中等收入陷阱"。

首先从经济方面来看，发展中国家的经济"起飞"及高速增长大多由政府及其政策主导，主要通过巨额的固定资产投资得以实现，产业结构则以劳动集约型为主等。其带来的矛盾便是，市场引导经济发展的机制不健全乃至扭曲，房地产价格以及其他物价过度高涨，社会消费需求严重不足，企业经营效益不高及产业结构相对落后等。

同时，随着这些国家的经济高速增长，其国际经济环境也会发生巨大的变化。比如，由于国际贸易及经济实力的增加，这些国家的货币汇率将面临升值的压力，国际间的贸易摩擦及竞争势必加剧。又如，随着经济一体化的进展，国际金融业务及投机资本将进入这些国家的经济体系，其被卷入国际金融危机的风险程度也将进一步提高，国家层面的宏观调控和稳定增长将面临前所未有的困难。

再从社会方面来看，许多发展中国家成功实现了经济"起飞"之

143

后，大多都以高于发达国家的速度发展经济，以少于发达国家所用的时间达到中等收入的水平。在此过程中，很多社会问题相继出现，同时又因得不到重视和及时解决而变本加厉及积重难返，成为阻碍经济进一步发展的"中等收入陷阱"。比如，城乡差距扩大，收入分配不公，环境污染严重，社会诚信缺失，等等。

最后从政治方面来看，一个国家的经济发展势必要求其政治体制相应变革和与之相适应。随着物质生活水平的提高，人们的价值观将出现多样化，对上述社会问题的解决以及直接参与国家及地方的管理都有更强烈的希求。如果在政治方面无法建立及时反映人民群众的希求和有效解决各种经济社会问题的机制的话，上述各种经济矛盾和社会问题则有可能进一步恶化，导致整个国家陷入"中等收入陷阱"。

总之，"中等收入陷阱"一词看上去属于经济的范畴，然而其成因却与各种社会及政治因素密切相关。由此看来，要顺利地跨越这一"陷阱"，制定包括宏观层面和微观层面的各种经济政策固然重要，同时也要高度重视建立与经济发展相适应的政治体制和切实有效地解决各种各样的社会问题。

(3) 还没有跨越"陷阱"的国家（基于2014年7月11日博客）

目前世界上有许多国家，人均GDP已达到了三千至一万美元之间的中等水平，但还未能成为发达国家，被怀疑是否掉入了"中等收入陷阱"。比如，东南亚的印度尼西亚（2012年的人均GDP为3500美元）和泰国（5400美元）。这里仅选择以前曾去旅行过的泰国为例，看看这些国家曾经遇到了哪些麻烦。

根据最近国际货币基金组织（IMF）公布的数据，早在上世纪八十年代初，即中国开始改革开放不久，泰国的人均GDP已为696美元，比当时中国的水平（307美元）要高一倍之多。然而，三十年之后的2011年，中国的人均GDP上升到5434美元，超过了泰国（5115美元）。由此可见，泰国的经济发展并不一帆风顺。

查阅一下泰国的现代史大致可以知道，上世纪的七十年代，印度支那半岛上相继成立越南、老挝、柬埔寨等信仰社会主义的国家，而泰国依然在君主立宪制下发展市场经济。同时，泰国作为阻挡社会主义阵营扩大的"防波堤"，得到了来自美国的大量经济和军事的援助，其经济发展的水平自然均高于其周围的社会主义国家。

到了八十年代初，日本的人均GDP突破一万美元大关而成为亚洲的第一个发达国家，日本企业开始向海外寻找扩大再生产的区域空间。泰国因其开放的经济环境和教育水平的普及，接受了来自日本的大量的直接投资。泰国的经济也开始"起飞"和高速增长，1985年至1995年十年间的年平均经济增长率达到百分之九。

1996年，泰国的人均GDP首次超过三千美元，成为名符其实的中等收入国家。当时中国的人均GDP约为七百美元，不及泰国的四分之一。记得好像是从那时开始，中国国内出现去"新马泰"的旅游热潮，其背景显然与当时泰国经济发展的成功密切相关。这些国家的经济发展成果，使当时的中国旅游者大开了眼见。

然而，也就是在泰国成为中等收入国家后不久，亚洲各国经历了一次前所未有的金融危机风暴。国际投机资本大规模地炒作亚洲各国的货币，泰铢相对于美元的价值急剧下跌，泰国的经济规模缩小了百分之十。1998年泰国的人均GDP下降为1820美元，并在以后几年里徘徊在这一水平上。

进入本世纪之后，泰国政府加强了对宏观经济的调节控制，积极吸引外国企业的直接投资，鼓励工业产品的出口和旅游产业的发展，促使国民经济重新开始增长。到2004年，泰国的人均GDP已基本恢复到了亚洲金融危机之前的水平，2008年还首次超过了四千美元。

但是，泰国的经济增长也给其社会带来了许多负面的影响。比如，环境污染的问题。九十年代以来，泰国首都曼谷交通堵塞和大气污染的严重程度已为世人皆知。又如，经济差距的问题。特别是城乡之间以及首都曼谷地区与泰国东北地区之间存在着巨大的经济差距。

此外，泰国的政治制度也存在着许多缺陷。几十年来，国内军事政变经常发生。代表不同阶层和地区的党派尖锐对立，相持不下。这

145

些政治方面的问题已严重地影响了经济的进一步发展。比如，2006年，泰国国内再次发生军事政变，民选政府宣告下台。以后的几年里，政治和社会极其不稳定。2009年的人均GDP再次出现负的增长。

当然，仅从上述议论来看，我还无法断言泰国的经济是否已落入了"中等收入陷阱"。但是，该国长期以来没有顺利跨越这一"陷阱"却是客观事实。其原因中，既有国际经济的因素，也有国内社会矛盾以及政治制度方面的问题。因此，对许多还处于中等收入程度的国家来说，跨越"中等收入陷阱"显然不仅仅是一个经济范畴及经济政策的问题。

（4）如何看埃及落入了"陷阱"？（基于2014年8月8日博客）

这年头议论所谓"中等收入陷阱"的问题，也许回避不了最近发生在北非大国埃及的事情。这不仅是因为埃及是一个具有代表性的中等收入国家，还因为该国在2011年的阿拉伯国家"茉莉花革命"中，民众起来"争民主、反独裁、反腐败"，推翻了专制统治，直接选出了民选总统，被期待成为中等收入国家实现政治民主和经济发展的典范。

其结果众人皆知，民选总统穆尔西上台后才一年，就被埃及军方解除了职务，国家处于军人统治之下。对此，穆尔西的支持者举行了大规模的抗议示威，国内发生多起严重流血冲突事件，整个社会出现了对立分裂的局面。埃及的经济也深受其害，通货膨胀及失业更加严重。由此可以推测，埃及经济很难迅速回复，很有可能已误入了"中等收入陷阱"。

在埃及发生的一切，给发达国家和中等收入国家的人们的震动十分巨大。发达国家的人们，对中等收入国家的政治民主运动导致的经济停滞及社会不安现象感到惊奇。中等收入国家中的不少人，则对通过政治民主实现经济增长和社会发展并跨越"中等收入陷阱"的方式产生了怀疑。

关于近年来埃及社会的政治民主运动发生挫折的原因，也许最好留给历史来作最终的评判。这里只想提示的是几个关于埃及人均GDP的数据。根据国际货币基金组织（IMF）公布的最新数据，埃及的人均GDO在2008年首次超过两千美元，2012年估计为三千美元。由此可以推断，埃及是在最近几年才成为中等收入国家的，其经济发展说不定还没有达到成功推行政治民主的程度。

从成功跨越"中等收入陷阱"的经验来看，比如台湾，1987年时任总统蒋经国解除了戒严令并开放党禁报禁，当时台湾的人均GDP已为五千美元。1992年，台湾的人均GDP突破了一万美元的大关。也就在前一年，当时的总统李登辉宣布终止《动员戡乱时期临时条款》，国民大会的代表首次直接由民众直接选举产生。

再从还没顺利跨越"中等收入陷阱"的案例来看，比如泰国，2011年的人均GDP为五千美元，近年来该国的政治经济长期处于不稳定的状态世人皆知。民众虽然可以直接选举国会议员并从中产生最高行政首脑，但其结果经常遭到对立群体乃至司法机关的否定，军人干政的事态也时常发生。泰国的政治民主制度疑惑存在着严重的缺陷。

上述两个国家及地区的事例也许可以说明，经济发展的水平是成功推行政治民主的必要条件（但不一定是充分条件）。从这个观点来看目前埃及误入"中等收入陷阱"一事的话，可以得出这样的判断。即埃及的挫折并不说明通过政治民主来实现经济增长和社会发展不可行，而是说明政治民主的成功需要经济发展达到一定的程度。

事实上，关于经济发展与政治民主的关系，目前已成为现代政治学和经济学研究的一个重要前沿。1959年，美国政治学家Lipset提出了著名的"现代化假说"，即认为一个国家的人均收入越高就越容易实现政治民主。对此，2008年，以Acemoglu为首的一个美国经济学家团队在《美国经济学评论》期刊上发表实证论文指出，在考虑了各个国家的具体情况（即计量经济学中所谓fixed effects等）下，上述假说的命题并不一定成立（详见参考文献一）。

然而最近，以Cervellati为第一作者的欧洲经济学家小组在同一期刊上刊登了他们的实证分析结果，对Acemoglu等人的结论作了重要修正（参考文献二）。他们用同样的数据重新验证了"现代化假说"的命题，得出了这样的结论：在曾为西方列强殖民地的国家中，人均收入与政治民主发展的程度呈负相关，但在未成为过西方列强殖民地的国家中，人均收入则与政治民主发展的程度呈正相关。即在后一类国家中，人均收入的水平越高，其政治民主发展的程度也就越好。

（参考文献一）Acemoglu, D. et al. (2008) Income and democracy. American Economic Review, Vol.98, No.3, pp.808-842.

（参考文献二）Cervellati, M. et al. (2014) Income and democracy: Comment. American Economic Review, Vol.104, No.2, pp.707-719.

第五部分 东瀛所见所闻

17 日本的经验教训

(1) 日本又获诺奖的启示（基于 2010 年 10 月 8 日博客）

10 月 6 日，瑞典皇家科学院宣布，今年的诺贝尔化学奖将授与一名美国科学家和两名日本科学家。这两名日本科学家分别是美国珀杜大学特别教授根岸英一和日本北海道大学名誉教授铃木章。他们三人获奖的主要理由是对"钯催化交叉偶联反应"研究作出了杰出的贡献。

这两位日本科学家的获奖，是 2008 年三位日本科学家分别获得诺贝尔物理学奖和化学奖后日本再次问鼎诺奖。在此之前，2002 年也有两位日本科学家分别获得物理学奖和化学奖，而在 2001 年和 2000 年各有一位日本科学家成为化学奖的得主。

统计下来，进入本世纪后的十年里，日本共有九名科学家获得诺贝尔奖。这无疑可以说明，日本在物理学和化学等基础科学领域拥有世界一流的科学家和保持世界先进的地位。尽管日本的经济规模（用 GDP 总量衡量）已经或者就要被中国超过，但是，在科学技术方面，日本依然是领先于中国的。

显然，今年的诺贝尔奖公布结果以后，一定会有很多人在想，中国的科学家到底会在什么时候成为诺贝尔诸自然科学奖的得主？对此，我对自然科学的研究前沿一无所知，故没有资格来说三道四。但是，从日本最近十年接二连三获奖一事上，似乎可以得到一些启示。

如果查阅一下这些日本科学家获诺奖的主要研究成果，可以发现大多数都是在上世纪六十年代和七十年代完成的。比如，今年的三位诺贝尔化学奖得主中，美国学者率先在 1972 年发现了钯催化合成的理论，根岸英一和铃木章分别在 1977 年和 1979 年对该理论作了重要

149

发展。

也就是说，最近日本科学家获得诺奖的研究成果，主要是在战后日本的经济高速增长后期及其之后完成的。从这点来看，我们也许可以推论，一个国家的经济高速增长及其完成将带来科学研究的飞跃性发展以及重大突破。这些发展和突破，很有可能在二十年或三十年之后被世界所公认，从而使这些国家的科学家获得诺贝尔科学奖。

如果追究这种推论的理由的话，我们可以想像，经济的高速增长将为科学家提供大量急需解决的研究课题以及比较充分的科学研究条件及资金。此外，国民经济的发展和富裕，又使一部分科学家不必担忧自己的收入和住房而能专心致志地从事基础科学的研究。

由此想来，我觉得，中国正处于经济高速增长的阶段，这至少为中国科学家进行将来可以获得诺贝尔奖的基础研究提供了良好的外部环境。尽管中国国内的学术界目前存在严重的好大喜功和急功近利的现象，只要国家对科学研究以及对知识分子的政策不再出现重大的失误，二十年之后，中国的科学家中出现一批诺贝尔科学奖得主将是可能的。

(2) 日本媒体的战争责任（基于 2011 年 4 月 22 日博客）

两个月前，看了日本 NHK 电视台（相当于中国的中央电视台）播放的历史文献特别节目《日本人为何走向了战争》的第三集"'狂热'是这样炒作出来的"。该节目通过整理二战时期日军高级军官留下的录音和资料，分析二次大战中报纸和广播所起到的作用，思考社会媒体应承担的社会责任。看后印象深刻，故在此向国内作一介绍。

据该节目介绍，上世纪二十年代末发生的世界性经济萧条使日本的主要报纸也销售大减，经营困难。1931 年的"九一八"，日本关东军占领中国东北三省，各家报纸均发行号外，大加报道，销售量大幅增加。主要报纸之一的朝日新闻，原先对报道关东军的军事行动持慎重态度。军方对其施加压力，暗示要发起抵制该报的运动，朝日新闻便靠向军方的一边。当时有记者已调查得知"九一八"事件是关东军的阴谋。但是，一直到二次大战结束之前，没有一家报纸如实报道过这一真相。

1937年7月，中日战争爆发。当时的首相近卫在首相官邸招集全国媒体代表，要求全面支持政府，对战争进行全国一致的报道。当时的日本同盟通信首脑代表媒体响应这一号召。以后，各家报纸均派出随军记者，争先恐后地报道日军的进展情况。近卫当时还兼任日本广播协会总裁，故无线电广播也被动员起来，实况转播"前线战况"，煽起全国性的战争狂热。NHK的节目中还介绍了几位战争过来人的感想。他们当时都认为"广播里讲的应该是千真万确的"。

节目还分析指出，战时媒体制造了战争正义的舆论，后来自己也陷入其中而无法自拔。太平洋战争爆发之前，曾有近三分之二的日本人认为日美之间的战争是可以避免的。但是，纳粹德国攻陷巴黎后，日本报纸和广播在军方的影响下，大肆宣扬亲德情绪，竭力主张建立日德意三国同盟。然而，日德意三国同盟成立后，日本和美英等国的关系急剧恶化，美国开始对日本实行石油禁运。东条英机出任首相后，便接到三千多封要求对美宣战的国民来信。日美开战到了难以回避的地步。

最后，NHK的节目中虽然没有直接提到，但是年长的日本国民都知道，二次大战结束时，朝日新闻曾经发表了题为《罪己辩》的社论。其中写道，战前以来，鄙报没有尽到如实报道和公开批判的重要责任，使国民不知事态的真相而陷入战败之困境。为谢罪于天下，鄙报社社长、主编及主要干部决定全体辞职。

（3）日本发生铁路事故后（基于2011年7月29日博客）

2005年4月25日上午9点18分，在日本兵库县尼崎市境内的西日本铁道公司福知山线上，发生了因列车驾驶员超速致使列车脱轨的重大事故。由七节车厢构成的列车中，前五节脱离铁轨，其中最前面的两节脱轨后撞向铁路边的一栋九层公寓，车厢完全破损。该事故造成驾驶员和106名乘客的死亡，562名乘客的受伤。死亡人数之多，在战后日本铁路事故中居第四位。

事故发生后的9点45分，管辖日本交通的国土交通省即成立以该省大臣为首的事故对策总部，并派遣两名干部前往现场。该对策总部在10点45分召开第一次会议，决定由大臣、副大臣级的政务官和铁道局长亲赴现场，负责营救善后工作。当天，国土交通省的航空铁道事故调查委员会的七名专家也赶赴现场。同时，该省对西日本铁道公司发出要确保铁路交通安全的警告，并提醒其他公共交通企业高度重视。4月26日，国土交通省大臣召开新闻发布会，介绍说明列车脱轨事故的情况。4月28日，航空铁道事故委员会便开始公布关于事故原因的部分调查结果。

就在事故发生不久，现场附近的居民第一时间赶到现场，以志愿者的身份开始营救活动。他们总共营救出了将近一半的受伤人员，后来他们中间有七十几个企业团体和个人受到了政府的表彰。事故发生的两小时后，现场附近的中学作为紧急避难场所对外开放，并作为消防急救车辆及急救直升飞机停留用地。兵库县的紧急消防救助队以及日本陆上自卫队第3师团接到紧急命令后赶赴现场。

从事故发生开始，包括事故现场一段的福知山线的列车停止运行。据说停止运行给铁道公司每天带来三千万日元的经济损失。该线路停运期间，大部分的乘客改乘阪急铁道公司等的线路，人数每天达12万人，平均乘车时间比以往要增加十几分钟。可见脱轨事故给其他的上下班和上下学的乘客也带来了很大不便。事故线路的修复工程从5月31日开始动工。6月7日，事故线路开始实施试验运行。6月19日，福知山线在事故发生五十五天后才恢复营运。

至于肇事一方的西日本铁道公司，根据当时的新闻报道，4月25日事故发生后到26清晨，该公司的垣内总经理等主要干部召开了五次新闻发布会，并到安置事故遇难者遗体的体育馆向死者家属谢罪。26日，垣内总经理和南谷董事长表示要引咎辞职。但是，在事故善后期间，以处理事故为优先，暂时不离开职位。4月30日，垣内到一家遇难者家里吊念，向死者家属下跪表示道歉。

第五部分　东瀛所见所闻

　　2006年2月，西日本铁道公司的垣内总经理和南谷董事长正式辞职离任，副总经理山崎接任总经理一职。2009年7月8日，神户地方检察院对事故发生时为公司安全负责人的山崎以业务过失致死伤罪提出起诉，山崎便辞去总经理职务。7月23日，西日本铁道公司宣布对山崎、南谷、垣内等29名负责干部进行处分。关于山崎的刑事审判，目前仍在进行之中。

（4）中日大学的不同之处（基于2012年3月2日博客）

　　我现在在日本的大学里，除了上一些专业课之外，负责自己的seminar的教学是比较重要的工作。其中包括面向大二学生的，面向大三学生的，和面向硕士生和博士生的。所谓seminar，译成中文是"研讨班"的意思，即由负责教师组织一个班的学生进行有关专业的学习和研究活动。

　　日本的大学中，seminar的教学已经制度化。大学生到了大二或大三时，一般都要根据自己的兴趣爱好，通过一定的手续过程，进入专业教师开设的seminar中学习专业知识，并学做一些专业性的调查研究以及写作seminar论文或毕业论文等。

　　这样听下来，日本大学的这种seminar似乎与中国大学中的毕业论文的做法差不多，都是学生在教师的指导下从事学习和研究。但是，日本大学的seminar的开设并不局限于做毕业论文的时候，其多数是面向大二大三学生的。同时，大多数的专业教师都要开设自己的seminar，从事自己专业的教学。seminar与其他专业课一样计算学分，并列入教师的基本工作量。这种制度化了的seminar（或叫seminar制），估计目前在中国的大学里还极为少见，可以说是中日大学在教学制度上的主要不同之处。

　　对大二或大三的学生开设seminar，使他们较早地在专业教师的指导下进行专业的学习和讨论，显然要比只让他们在大教室里听听课，有更好的教学效果。特别是，在seminar中，学生可以自己动手参加调研活动，有利于培养发现、分析和解决问题的能力。

153

现在，我供职的大学研究生院里，接纳了许多来自中国的大学毕业生。与日本的大学毕业生相比，中国学生擅长于听课和考试，在数理等基础学科方面基础比较扎实。但是，他们在从事调研或科研活动时显得动手能力及发现和解决问题的能力比较薄弱。我以为，这与中国大学中还没有seminar的制度，学生被动听课的时间较长的现象有一定的关系。

我所在的经济学院里的seminar是从大二时开始的。即大一结束前，学院先公布所有专业教师开设的seminar的信息，并通过师生交流晚会及学生参观高年级seminar和访问教师研究室等方式促进师生互相了解。之后，大一学生填写关于seminar的第一及第二志愿及其理由。这些材料将分别送交第一及第二志愿的seminar担当教师审阅并由他们作出是否录取的决定。第一及第二志愿均未如愿的学生，将进入第二轮的双向选择。

这些大一的学生，到了大二时便进入被录取的seminar，跟随担当教师学习有关专业的知识和理论。他们在seminar的学习将持续到大三结束时。经过两年的专业学习和研究，在大四时，学生们将开始考虑和选择大学毕业后的去向。在seminar中学习的两年，将有助于他们作出比较现实合理的选择。

（5）日本有没有学术造假？（基于2012年5月4日博客）

几个星期前，接到一位博友提问，日本大学里有没有学术造假和教授分级的事？根据我的耳闻目睹，我想这样答复：日本大学里也有学术造假的现象，但属非常稀奇少见。另外，我还想实事求是地说，日本大学里没有教授分级的事，但是学术平庸的教授好像也有人在。

首先，关于日本大学里的学术造假事件，一般每年可以听到两三件的报道。比如，某私立大学的副教授在自己的论文里抄袭了其他学者的论文片段，某国立大学的教授为了显示理想的实验结果，肆意篡改了实验的真实数据，等等。

根据我的印象，这些事件为数不多，似乎容易发生在一些一心想早出成果以获得大笔科研经费的教授或想尽快获得提升的副教授或更年轻的研究人员身上。显然，急功近利和道德松懈，是这些学术造假事件的直接原因。

但是，为什么日本大学里的类似事件比较少呢？我觉得有客观和主观两方面的原因。在客观方面，日本大学里一般有严格的学术伦理规章制度。教师在学术研究上有造假嫌疑，会被社会媒体报道曝光。嫌疑一经证实，当事人不管地位多高，都会根据事态轻重受到校内警告乃至开除公职的处分。

在主观方面，日本社会普遍存在"武士道"的道德规范。这里的"武士道"广义解释为个人对供职单位的忠诚尽力和具有诚实礼让的品格。在日本，大学教师一般受人尊重，为人师表。因而，大学教师一般都重视自己的信誉和口碑，谁都不愿意被人指三道四。

由于上述原因，日本大学里的学术造假现象可以说很少发生。大学教师一般只分教授、准教授（即副教授）、讲师和助教四个级别。各个级别里，就没有再详细的区分了。教师的经济收入水平一般高于全社会的平均。每个级别中的工资主要根据工龄长短而变化（即为年功序列制）。

坦率地说，在年功序列制度依然根深蒂固的大学里，教师的学术水平就容易比较平庸。有些教授，平时只会上上课，或热心于行政工作，在学术研究上则不求进取。偶尔写的学术论文也仅仅刊登在没有审查制度的校内刊物上。还有些指导博士生的教授，自己却还没有获得过博士学位。

总之，我觉得，日本大学里的学术造假现象的确不多，但是部分大学里的学术平庸的教授也不乏其人。对于后者，日本政府及社会好像也无计可施，但人们心中有数。因为，人们只要查一查，某教授在最近几年里有没有在有盲审制度的国际学术刊物上发表过学术论文，就可以知道其现有的学术状况了。

155

（6）特区制度在日本展开（基于2012年5月18日博客）

上世纪八十年代初，中国在东南沿海地区设立了以深圳为首的四个经济特区，在经济上实行了许多不同于国内其他地方的改革开放政策，使这些地区率先实现经济高速增长，并为以后全国的改革开放提供了极其宝贵的经验和榜样。

三十多年过去了，在这些经济特区超前实行的改革开放政策的大部分，现在已在全国各地普及推广。各大城市的改革开放的内容和力度开始趋同，区域经济的竞争也开始激化。经济特区的效果和优势也似乎已在淡化。"特区"的存在意义甚至也开始遭到怀疑。

然而，放眼东方，Made in China的"特区"制度，好像已在日本插队落户，生根开花。2002年4月，日本政府批准设立冲绳经济特区，在那里对企业实行30%的所得税减免等优惠政策，企图把冲绳建设成自由贸易、信息产业和金融经济的基地。

也在同年，小泉内阁为了改革政治经济结构，制定了《结构改革特别区域法》，根据此法开始设立所谓的结构改革特区。在这些特区里，地方政府可以根据当地的特殊情况，改革或放宽中央政府统一制定的规章制度，实施特殊的经济政策。这些改革和政策一旦取得成效，将向日本全国普及推广，以深化全国对现有体制和制度的改革。

根据日本政府的最新统计，目前得到中央政府批准的结构改革特区共有345处，可接受"特区"待遇的领域涉及教育、物流、国际交流、农业振兴、城乡交流、城市建设、环保、行政服务、福利、医疗、研发等许多方面。例如，在国际交流方面，有关特区放宽对外国旅游者发放多次入境签证的规定，企图吸引更多的外国人前来观光和消费。又如在农业振兴方面，有些特区改革对农地转让的限制，放松对设立农业股份企业的制约，以促进土地资源的充分利用和农业生产效率的提高。

去年日本东部特大地震之后，日本政府又制定了灾后复兴特区的政策。现在已有十四个受灾地区被认定为复兴特区。今后五年里，在这些地区创办企业可以享受所得税的全免，原有的企业也可以享受征税减免的优待。此外，对新建建筑物的布局和用途的限制也将放宽，企业借款将得到利息补偿等。

看到中国的"特区"制度在日本广泛展开，不禁感到"发明"本家也应该发展和深化现有的"特区"制度。比如，现有的经济特区可以探讨进一步改革开放的内容和领域，内地的大中城市可以考虑实施在现有经济特区试验成功的制度和政策。我个人更感兴趣的是，中国在成功地实行了经济特区的制度之后，现在是否可以考虑设立"政治特区"或"社会特区"，来尝试各种具有深远意义的体制改革？

（7）东京申奥成功的原因（基于2013年9月13日博客）

一个星期前，国际奥委会投票决定，2020年的夏季奥林匹克运动会将在日本东京举行。东京在与西班牙的马德里和土耳其的伊斯坦布尔激烈竞争后，终于取得了申奥的成功。日本将在1964年举办第一次东京奥运会的五十六年之后，再次主办夏季奥运盛会。

关于这次东京申奥成功的理由，国内外媒体的体育版面都有大篇幅的详细解说，在此不需要重复。这里只想根据自己的亲身经历，补充几点我个人认为是东京申奥成功的重要原因。这几点是，方便准时的交通设施，安全有序的社会秩序，和热情周到的接待精神。

首先，关于日本方便准时的交通设施，来日本旅游过的人们都会有深刻的印象。日本的交通设施遍及全国，十分发达。其中，铁路网络更为突出。到处可见的JR铁路公司，原为日本国有企业，八十年代后期民营化后，彻底消除了经营赤字的现象。从JR的东京站出发，乘坐新干线或一般列车，可以到达日本四岛的几乎所有角落。此外，东京和大阪等大城市里的地铁网络也错综复杂，并基本与JR的主要车站对口衔接，换车转车均十分方便。

在交通管理的软件方面，日本公共交通的准时准点的现象，可被称为世界一大奇迹。在日本所有的铁路或公路的车站，都设有列车或巴士到达的时间表。来日本的旅行者都会发现，列车和巴士几乎都在时间表上预定的时间准时到达和出发。因此，在日本国内旅行时，一般可以事先以分钟为单位制定好乘车换车的出行计划。

第二，日本安全有序的社会秩序，也是世人有目共睹的事实。记得在两年前的日本东部大地震发生时，东京市内秩序井然，人们镇定有序地等候交通车辆，坐在楼梯的两侧休息而让出中间的走道等现象，就是一个很好的见证。一般来说，在日常生活中很难看到日本人互相争吵或大声喧哗的现象。

在日本，虽然从媒体上每天都能看到各种刑事案件和意外事故的报道，但在日常生活中却很少不幸遭遇。日本法律严厉地禁止个人持有枪支及凶器。日本老百姓之间的经济差距不是很大，失业率低于百分之五。还有日本的警察比较敬业，刑事案件侦破率较高，这些都有助于日本社会的安全和稳定。

第三，日本热情周到的接待精神，也可以说是来过日本的人都会体会到的东西。在这次国际奥委会投票前的陈述中，日本著名女主持人泷川 Christel 特别介绍到，这种接待精神在日语中叫作 O-MO-TE-NA-SHI，意为接待或款待。她想强调的是，日本将以热情周到的接待精神迎接参加东京奥运的客人。

对此，我记得，以前来日本探亲的中学老师曾感叹道，日本的政府机关和商业设施的服务真好，医院里的护士几乎是蹲跪着向我说明看病的程序的。关于这种热情周到的接待精神，从日系企业在华开设的超市或饭店里都可以感受到一二。这种接待精神，既与日本是市场经济国家因而视顾客为皇帝有关，同时也与日本文化中的礼仪体谅的习惯密切相连。

上述日本社会的特点，有些在其他发达国家也可以看到，有些则在其他发达国家也不一定看得到。记得以前在欧美旅行时，有时怎么也事先查不到在某站想中转的列车的到达时间，有时也会感到人身的不安全，有时购物用餐时也要注意看看服务员的脸色。所以，根据自己的经历，我认为，这些应该是这次东京申奥成功的几个重要的原因。

第五部分　东瀛所见所闻

（8）日本政府败诉环保官司（基于2014年10月10日博客）

昨天即10月9日，日本最高法院针对曾在大阪泉南地区的纺织工厂工作中因大量吸入石棉粉尘而罹患肺癌等疾病的原工厂职工上告日本政府违法失职的诉讼案件作出最终判决：政府明知石棉粉尘的严重危害却没有及时有效地指导和普及工厂内部设置排气设备，属违法失职，应承担赔偿原告损失的责任。

这个判决公布后，帮助原告上告日本政府的律师们，即向在最高法院外等候的各家新闻媒体展示出"胜诉"和"最高法院判断国家有罪"的横幅。新闻媒体纷纷在其首页报道这一判决的消息以及原告的喜悦心情。日本厚生劳动省大臣当天便表态：认真接受判决，依照判决作出对应，真诚向原告各位道歉。

根据日本媒体的报道，石棉具有较好的耐热、耐药及绝缘性质，在上世纪五六十年代的日本战后高速经济增长时期曾作为价廉物美的工业原料被大量生产和利用。但是，其生产过程中产生的石棉粉尘，一旦长期大量地吸入人体，会在以后引发肺癌等严重疾病。日本上述诉讼官司的原告均为当时使用石棉的纺织工厂的职工以及周围地区的居民。

日本最高法院在判决书中指出，早在1947年开始实施的日本劳动基准法中就已规定，对因粉尘等引起的健康危害，政府应要求企业管理者采取必要的预防措施。但是，直到1972年制定实行的劳动安全卫生法中，政府才制定要求企业管理者设置保护职工健康的必要措施的规定。即在这段时间里，政府有违法失职的嫌疑。

对此，判决书分析指出，在1956至57年政府进行的关于石棉肺病的调查中，政府已确认有关工厂的10%以上的职工患有石棉肺病。同时，当时的劳动省已发行了登载有关排气设备的技术书籍。由此可知，在1958年左右，日本政府已明确知道石棉的生产和利用会产生重大健康危害，同时，有关排气设备的技术和信息已经存在。

因此，判决书作出判断，政府应该在1958年左右按照当时的法律，及时行使行政权力，指导和普及在有关纺织工厂内部设置排气设

159

备，以有效地防止石棉生产和利用对工厂职工身体健康的危害。然而，1958年至1972年之间，日本政府并没有行使按照法律应该行使的行政职能，故可判为违法有罪。

上述日本最高法院判决日本政府败诉石棉粉尘危害健康官司的事例可以说明，环境的污染和保护的问题，可以通过法律形式寻求解决的途径。政府部门和一般民众，在法律面前人人平等。政府部门及其成员在行使其权力时不遵守法律，固然违法。同时，有法律而没有依法行使其应尽的职能，也属违法。

（9）日本踩踏事件的那些事（基于2015年1月23日博客）

2001年7月21日晚上8点半左右，位于日本关西地区的兵库县明石市在举办市民焰火大会时，发生了严重的拥挤踩踏事件，造成11人死亡，247人受伤。该事件发生的主要原因是兵库县警察当局的警备保安措施存在着严重的缺陷。事后，市政府及警察当局的有关负责人受到了法律的追究，当时的明石市市长也引咎辞职。

根据日本媒体的各种报道，这起拥挤踩踏事件具体发生在日本铁道（JR）神户线的朝雾站南侧的立交步行桥上。焰火大会的那天晚上，成千上万的观众在此桥上汇聚，桥上出现每平方米的空间里集聚着13至15人的极端拥挤现象，造成了人群互相踩踏的悲剧。遇难的11人中，9人为未满10岁的儿童，2人为70岁以上的老人。

日本媒体指出，在策划这次焰火大会的阶段，明石市政府有关部门和负责警备保安的警察当局及保安企业之间没有充分协商和制定警备保安的规划和对策。他们指出，关于该焰火大会的保安规划书只是以前为其他焰火大会制定的规划书的复印版。警察当局十分重视维持焰火大会会场附近上百家饮食店铺周围的治安，在那儿配备了近三百名保安人员，但只安排了三十几名保安负责防止踩踏现象的发生。显然，保安措施上存在着严重的漏洞。

踩踏事件发生之后，神户地方检察院即以保安规划和保安业务上的过失致死伤的罪名，向神户地方法院起诉明石市、警察当局及保安企业有关负责人。2004年12月，神户地方法院判决一部分负责人有罪并处于两年六个月的监禁（缓期五年执行）。这些负责人员对此判决不服而提出上诉。2007年4月，大阪高级法院驳回上诉维持原判。

与此同时，9名踩踏事件遇难者的家属针对明石市政府、兵库县警察局及保安企业向神户地方法院提出民事诉讼。2005年6月，神户地方法院作出判决，责令被告三方向原告提供总额约为5亿7千万日元的经济赔偿。对此，被告和原告均未提出异议，故该判决已经确定。

然而，在上述的刑事诉讼中，神户地方法院对被起诉的警察当局最高负责人作出了不起诉的判决。对此，遇害者的家属极为不满。他们根据日本的法律向神户检察审查会提出申诉，要求起诉追究警察当局最高负责人的刑事责任。这样的申诉分别在2004年、2005年和2009年提出过三次，检察审查会均作出了应该起诉的判断。但是，神户地方法院对这些申诉再次作出不起诉的判决。其主要理由是，警察当局的最高负责人无法预测事件的发生，故在法律上无法判其有罪。至今，这一诉讼官司仍在继续之中。

尽管如此，发生在明石市的这起拥挤踩踏事件，给日本社会带来了许多深刻的影响。事件发生时的明石市市长冈田进裕在半年后引咎辞职。2005年，日本国会通过修改警备业务法和国家安全委员会规则的提案，在警备保安法定业务中增加了防止拥挤踩踏事件的内容。该事件后，在日本各地举办的焰火大会时均大大加强了警备保安的规划和实施的力度。

18 电视剧《阿信》的观后感

(1)《阿信的故事》的故事（基于2013年10月18日博客）

今年10月，日本各地电影院开始上映最近拍摄完成的电影《阿信》（或译为《阿信的故事》）。该影片是根据在上世纪八十年代日本放送协会（NHK）电视台播放的同名长篇电视连续剧改变而来的。后者自首播以后曾被译成其他多种语言，在包括中国在内的许多国家

161

的电视台上播放，在全世界可谓风靡一时。

尽管如此，我长期生活工作在日本，却是在最近才完整地观看了这部长篇电视剧的。其中的一些不可思议，便是我要写的关于《阿信的故事》的故事。说实话，现在观看三十年前拍摄的电视剧《阿信》，几乎没有感觉到内容的陈旧或过时。相反的，我感到，《阿信》对于人们理解人生以及了解日本，都具有很多现实性的意义。

根据网上登载的信息，NHK首次在日本国内播放《阿信》是在1983年4月至1984年3月之间。当时创下的63%的最高收视率，至今还没有被其他电视节目更新。遗憾的是，那时我还在中国国内，自然没有可能看到日本电视台当时播放的日剧。即使有此机会，一定也看不懂，因为那时对日语还一窍不通。

后来，据说在1985年，中国中央电视台以《阿信的故事》为片名播放了该剧的中文配音版。然而，这时我却已来到了日本，又错过了观看的机会。说起来有点不可思议，直到今年的9月之前，我虽然早已知道有这部日剧并看过其中的部分片段，但是始终没有完整地过这部长篇电视剧！

今年8月底的一个周末，我偶然看了NHK在其卫视频道上重播该电视剧的几集，发现主人公阿信与男配角浩太之间的关系不同寻常，便好奇地找来该电视剧的所有DVD，花了一个月的时间，陆续地把这部由297集构成（每集15分钟）的长篇电视剧全部观看完毕。这，便是我想写的关于《阿信的故事》的故事。

看完这部电视剧后的第一个感受便是，为什么不早点儿看这部电视剧?！该剧的开始几集和最后几集中，有很多是关于拍摄该剧时的上世纪八十年代日本的情景。现在，这些情景已属于三十年前的东西了。然而看到这些，不免回想起了自己在八十年代中期刚来日本留学时看到的一切以及当时的感受。如果那时候就看到这部电视剧的话，说不定自己会更好地理解当时看到的一切及其原因了。

这部长篇电视剧给笔者的第二个印象是，该剧所描写的内容，并不像国内一般网站上所介绍的，仅仅是关于后来成为巨大连锁超市企业经营者的阿信个人的创业史。我觉得，该剧作者通过该剧最想告诉观众的是，人在一穷二白时，只要努力奋斗，是一定能够摆脱逆境的。同时，我还深刻感到，通过观看这部长篇电视剧，人们可以形象地了解从明治末期到昭和末期八十多年的日本社会近代史。

(2)《阿信》讲述的经营之道（基于2013年10月25日博客）

前段时间看了日本NHK电视台在上世纪八十年代拍摄的电视连续剧《阿信》后感到，如果仅仅把该剧看作是巨大连锁超市企业经营者阿信个人的创业史的话，未免太过于肤浅了。事实上，该剧通过阿信人生八十多年的故事，揭示和讲述了许多重要的经营处世的道理。

诚然，对于现在的中国电视观众来说，经营处世的道理已不像二三十年前那么神秘了。这二三十年来，中国也出现了很多创业成功和经营有方的企业家和高管人士，国内书店里也可以看到许多关于他们以及经营处世道理的书刊。但是，电视剧《阿信》中所讲述的一些经营处世之道，似乎在当代众多的中国企业老总中仍鲜为人知。

看过电视剧《阿信》的人，一定会对其独特的"倒叙"结构印象深刻。该剧以老年时代的阿信的突然离家出走为开始，随着阿信走访过去生活过的地方，慢慢地"倒叙"起她走过的八十多年的人生历程。到了最后几集，阿信离家出走之谜方才水落石出，该悬念一直贯穿于这部由297集构成的长篇电视连续剧之中。

不仅如此，老年阿信的离家出走之谜及其展开和结局所揭示的东西，便是该剧作者想告诉观众的关于企业经营及个人处世的根本道理。根据我个人的观察，这个道理在当代众多的中国企业老总中仍鲜为人知，或者说是仍没有做到"知行合一"。要不然，现在为什么还会有那么多的国企老总被双规调查和那么多的企业产品含有危害健康的成分呢！

电视剧《阿信》开始时便交代了老年阿信突然离家出走的背景。原来，阿信年迈以后，就把巨大连锁超市企业的经营管理委托给了她的儿子阿仁。阿仁人到中年，雄心勃勃，用自家与阿信同居的住宅作

163

为抵押向银行借到巨额贷款，在市中心车站附近建设开张了连锁企业中最大规模的超市商店。

然而，在车站附近，原来就有一家小型超市及其所有的一片土地，其所有者便是阿信大半辈子以来的知己浩太老人。阿仁的巨大超市的开张势必会导致该小型超市的破产倒闭。对此，阿仁认为在买卖上强食弱肉是正常的事情，丝毫无意改变自己的经营策略。但是，阿信十分看重过去浩太给予的帮助和恩义，却又感无力说服阿仁改变主意，便离家出走以反思自己的一生以及处理该事的原则。

就在阿信离家出走的期间，附近大城市里有一家实力超过阿信连锁企业的百货商店集团，也看中了市中心车站附近的商机。他们开始与浩太一家交涉，准备买下其小型超市及其所有的土地，建造开张一家更大规模的百货商店。超市自然竞争不过百货商店。阿仁开张的超市不久便出现巨额赤字，无法偿还银行的贷款，作为抵押的自家住宅也面临被拍卖抵债的危险。

至于以后的结局如何，阿仁的超市是否倒闭破产了，阿信与阿仁一家是否陷入了无家可归的局面，就请读者自己去观看电视剧《阿信》了解了。这里，我必须尊重该剧的知识产权。但是，即使不提故事的细节，聪明的读者一定也能从上述描述中领悟出该剧作者想告诉观众的企业经营及个人处世的根本道理是什么了吧！

(3) 从《阿信》看日本的近现代史（基于2013年11月1日博客）

日本NHK电视台在上世纪八十年代拍摄播放的长篇电视连续剧《阿信》，直接讲述了大型连锁超市企业经营者阿信个人八十多年的创业故事。然而，通过观看这部电视剧，人们还可以形象地了解从明治末年到昭和末期近一百年的日本社会近代史，从而可以理解到日本社会的现代化经历了一个艰难和曲折的历史过程。

中国的广大电视观众都知道，上世纪的三四十年代，日本军国主义者发动了侵华战争，给中国人民以及日本人民本身都带来了巨大的灾难。但是，那时的日本是如何走上军国主义道路的，当时的日本老百姓又是如何看待这场战争的，可能知道的人就不多了。关于这些问题，人们可以通过系统地查阅客观的历史文献找到答案。如果用心地观看一下电视剧《阿信》，大致也可以获得有关这些答案的线索。

在电视剧《阿信》中，最初涉及日本近代史的一个场面，是幼年时代的阿信在林海雪原中遇到一个原为日本陆军士兵的青年的故事。该青年因看不惯在日俄战争的旅顺二零三高地战役中士兵的大批死亡而脱离部队。他向阿信传授了当时的进步诗人与谢野晶子的著名反战诗词，使阿信从小开始形成讨厌战争和当兵的观念。

在该电视剧里的人物中，最让中国电视观众感到亲近的，可能是少女时代的阿信的知己浩太。他出生于大地主的家庭，不愁吃也不愁穿，但却十分同情向地主租地种田和交纳地租的佃农的处境。与中国的早期革命家一样，他很早就接受了社会主义的思想，到处串联农民从事减租减息的运动，因而遭到当时政府和警察当局的跟踪追捕。在二次大战期间，他的理想受到了严重的打击。但在二次大战之后，他的耕者有其田的思想却意外地成为现实。

电视剧中讲到青年时代的阿信出生次子阿仁时，特别提到正好是1936年的"二二六事件"发生的那天。在日本近代史中，"二二六事件"一般被认为是日本军人干预政治和政府的开始，一年之后导致了侵华战争的爆发。1936年的2月26日，日本陆军中一批年青军官因不满当时的官僚腐败和农村贫困，在东京举兵起义，刺杀了数名内阁大臣，并要求天皇亲政和实行社会改革。数日后，该起义被军方镇压，但后成为日本近代史上的一个标志性的事件。

在侵华战争爆发之后，阿信的丈夫龙三由其在陆军中供职的二哥的介绍，开始从事向军方提供食品和服装的工作，不知不觉地站在支持战争的一边。阿信虽然自幼讨厌战争和军人，但也无法抗拒周围的环境。1937年12月，日军占领中国南京后，日本全国军民高举灯笼游行庆祝。阿信也无意识地认同了这一气氛。

然而，阿信一家在二次大战结束时却遭受了沉重的打击。她的大儿子阿雄原为京都大学的大学生，战争后期应征入伍被派往菲律宾前

165

线作战，在那儿因饥饿死亡。她的丈夫龙三十分后悔参与了支持军方的工作，导致了包括自己大儿子在内的众多年青人的丧生，便以杀身成仁的方式承担了自己的责任。

二次大战的结束，使人到中年的阿信再次沦入一无所有和极度的贫困。然而，在二次大战前就曾几次经历过一贫如洗的阿信，则下定决心白手起家，重新创业。战后的日本，在美国的干预下，农村实行了土地所有制度的改革，城市则解除了财阀巨头对经济的垄断控制，很快走上了经济复兴和高速增长的道路。阿信一家所经营的连锁超市企业的成功，是战后日本经济发展的一个缩影。

(4)《阿信》中寓意的创业之路（基于 2013 年 11 月 8 日博客）

最近连续写了几篇关于日本电视连续剧《阿信》的文章，介绍了从这部电视剧可以了解到的经营处世的道理以及日本社会的近代史，然而却没有正面地议论《阿信》所寓意的创业经验。这是因为，后者在中国的电视观众中似乎已为人知晓，而且这二三十年来中国社会也已出现了许多被称为中国的阿信的创业人物。

但是，最近看了这部电视剧之后却强烈地感到，其中寓意的创业经验，依然对现在的中国年轻人以及打工族有现实的参考意义。比如，《阿信》告诉人们，年轻时要敢于吃苦耐劳，凡事从最基本（层）的工作做起。还有，在电视剧中，阿信曾在其丈夫好吃懒做时，毅然放弃了外出工作，也开始坐吃山空，使其丈夫猛然觉醒，重新挑起了养家糊口的重担。这种做法，好像在中国的阿信的故事中，从来没有听说过。

根据电视剧的剧情，阿信在乡下的山形县度过少女时代后，便只身去东京做美容院的学徒。开始时，美容院的老板娘即师傅已带了许多徒弟，不想收留她。阿信便每天第一个起床，为师傅及师姐们烧好早饭。在师傅和师姐们工作时，她又主动做好各种助手的工作。到了晚上，阿信又主动为师傅和师姐们铺好床被，自己则最后一个就寝。天长日久之后，师傅和师姐们便慢慢地接受了阿信，使她在东京站住了脚跟，为以后的生活打开了局面。

这个故事讲述了一个最基本的创业经验，即开始工作时，不能挑三拣四，而要主动从最基本（层）开始做起，不怕辛苦。在过去的二三十年里，中国社会中有多少白手起家的企业家和从农村到城市来的打工族，实践和领会了这条经验。然而，现在的不少大学生，似乎已不理会这条经验了，刚开始工作就一味追求获得高工资和高职位了。

《阿信》中讲述的另一个创业经验是，创业不能怕失败，白手起家也能成功。阿信的一生，经历了无数次创业的失败和成功。她曾经当过美容师，摆地摊卖布料，踩缝纫机做服装，做饭菜开饭店，开鱼店卖海鲜，以及办超市卖百货。每个行当开始时几乎都是白手起家，经过艰苦的奋斗，最后都形成了一定的规模和取得了一定的成功。（至于每次改变行当，主要是因为一些"不可抗拒"的意外原因。）

《阿信》中还提到的一个创业经验是，一穷二白可以使人发奋图强，承担责任。电视剧中讲到，阿信与丈夫龙三结婚后仍继续做美容师的工作。龙三在东京开有一家高级西装商店。后来，由于经济不景气，高级西装销售不出，商店开始亏损，家庭收入减少。龙三则开始自暴自弃，好吃懒做，不顾家境。为了唤醒丈夫，阿信突然也停掉了美容师的工作，与龙三一样坐吃山空。当家计入不敷出后，龙三猛然醒悟，开始外出工作，重新挑起了养家糊口的重担。

这个故事听上去有点儿日本特色。因为日本的家庭有男主外女主内的传统。这一传统至今依然保留在许多家庭中。要是换成中国的家庭的话，一家的男方如果好吃懒做，女方或者会与男方争吵一番，迫使其重振雄风，或者会取而代之，自己在外奋斗图强了。作为第三种的选择，《阿信》讲述的经验应有一定的参考意义。

最后，《阿信》中讲到的一个最重要的创业经验是，滴水之恩当涌泉相报。阿信出身贫苦，少女时代是在山形县酒田的一家叫加贺家的米店打工度过的。加贺家的老夫人非常赏识阿信的勤奋努力，教她读书识字和算账理财，为她以后的创业打下了扎实的基础。加贺家对她来说恩重如山。阿信成家立业后，当知道加贺家破产潦倒时，便毫

167

不犹豫地收养了加贺家的遗孤，并把他与自己的孩子一样抚养成人。
阿信的这种知恩图报的品德，使她在无数次遭受重大挫折时总是能够
左右逢源，再次赢得创业的成功。

第六部分　日本的政治及制度

19　2012年的日本大选

（1）日本民主党发生分裂（基于2012年7月13日博客）

最近，日本著名政治家小泽一郎毅然退出现在执政的民主党，与其同仁一起成立了一个新的政党，叫做"国民生活第一"党。小泽退出民主党是因为，他坚决反对现任民主党党首及政府内阁总理野田佳彦在日本国会上提出的有关提高消费税税率的法案。这一决断，也与他二十多年来一直追求实现日本两大政党体制的理念密切有关。

上世纪五十年代中期以来，日本经济开始高速增长，但政治上基本是自民党占据国会的大多数席位，其领袖一直担任政府最高首脑即内阁总理的职务。从这个意义上讲，战后日本政治是以自民党独揽国家行政大权为主要特色的。

当然，这里需要加以注释的是，自民党虽然一直是执政党，决定这一地位的其在国会中的席位数是由日本国民直接投票决定的。因而在制定党政国法时，自民党不得不重视广大选民的言论和意向。同时，自民党内部允许存在各种派别组织，如田中派与福田派等。派系之间围绕政策的争论及对立，使得自民党内存在调整政治路线的机制，没有出现长期偏左或偏右的现象，从而基本保证了日本政局的稳定和政府政策的公正。

然而，这种以单一政党为中心的政治体制，特别是在日本经济发展到比较发达的阶段后，开始出现了许多弊病。用小泽一郎的话来说，这种政治体制大大限制了广大国民选择政党和政策的自由。事实上，上世纪的八十年代后期，长期执政的自民党似乎开始丧失内部新陈代谢和积极进取的机制，政党与政府官僚以及企业团体之间的暗地勾结

169

以及腐败事件不断出现，广大国民对政治家、政府官僚以及企业老总的信赖和信任下降到战后以来最低的程度。

对此，小泽一郎等具有远见的政治家开始意识到，只有建立两大政党轮流执政的政治体制，才能从根本上改变日本政治以及经济面临的困境。1993年，曾经在自民党中担任过干事长要职（相当于书记处书记）的小泽一郎毅然退出尚在执政中的自民党，成立了一个新的政党，当时取名叫新生党。该党与当时其他中小规模的政党联合，成功地获得了国会的大多数席位，成立了不包括自民党的联合内阁政府，使自民党第一次失去政权而成为野党。小泽是实现这次执政党交替的中心人物，该功绩至今仍在日本社会和媒体上广为流传。

但是，1993年成立的联合内阁政府由众多大小不同的政党组成，其主要政见不一致，选民基础也不扎实。几年后，联合内阁宣告解散，以自民党为主的内阁再次上台。以后，虽然自民党已经没有了独自垄断政权的势头，但是，日本政坛依然是以某一大政党为中心的政治体系。小泽等人追求的两大政党的体制一直未能实现。这一局面一直持续到2003年的新生民主党的成立。

（2）日本民主党的发展简史（基于2012年7月27日博客）

1993年，曾在日本自民党内担任过干事长要职的小泽一郎退出当时执政的自民党，不久之后自民党便失去政权而下野。虽然几年后自民党又再次上台执政，但过去四十年来独揽政权的势头已一去不复返。自民党不得不靠与其他政党的联合维持其统治，政治基础已不牢固。

事实上，九十年代以来，日本关于政党支持率的民意调查一直显示，自民党的支持率一般只有20-30%，其他政党的支持率则更低，而没有固定支持政党的民众的比率却上升到了50%以上。这些民众被称为"无党派层"，能否获得这些民众的支持成为政党取得大选胜利的关键。

为了争取广大民众的支持，1996年从自民党里再次分裂出来的一些政治家与其他中小党派联合组成了民主党。该党的主要政治路线属于中间偏左，与当时美国执政的民主党和英国执政的工党比较接近，代表了当时主要发达国家中的政治倾向。

但是，民主党毕竟刚成立不久，政治基础不扎实，政治经验也不丰富。其在多次国会议员大选中虽然取得了第二大政党的地位，但总是无法与自民党匹敌，从而使日本实现执政党的交替，进入两大政党轮流执政的局面。

2003年，民主党与当时以小泽一郎为首的自由党合并成立新的民主党。这使民主党不仅拥有了像小泽这样的经验丰富的职业政治家，而且在规模上开始具备与自民党分庭抗礼的势头。因此，2003年小泽的加盟，对民主党来说具有历史性的意义。

2009年8月，日本国会众议院举行大选，执政党自民党的席位从300个减少为119个，而民主党的席位从115个增加到308个。自民党惨败，民主党大胜。自民党再次下野，民主党首次组阁。日本政治实现了执政党的交替，两大政党轮流执政的局面开始出现。

然而，民主党的执政并非一帆风顺。其第一届内阁总理鸠山由纪夫执政不到一年，因处理美军驻冲绳基地的设施迁移问题受到国内民众与舆论的谴责而引咎辞职。因此，民主党的执政能力受到广大日本国民的怀疑，民主党在2010年7月的参议院大选中失去了多数党的地位。

民主党第二届内阁总理菅直人执政半年后，日本东部发生特大地震和核泄漏危机，民主党的执政能力再次受到严峻考验。在国内民众与舆论的追究下，菅直人在执政一年后也宣告辞职。民主党取得政权的第三年，该党第三届内阁总理野田佳彦上台。

野田执政后，为了解决日本国家财政长期赤字和社会福利事业缺乏财源的问题，提出了将现为5%的消费税率提高到10%的法案。同时，为了确保企业生产用电及国民经济增长，野田内阁决定重新启动位于福井县内的两座核电站。这些做法引起了将近一半的日本国民与社会舆论的反对。

171

在民主党内拥有一定威信的小泽一郎认为，现在就提高消费税的税率，违背了民主党在三年前的大选中获得国民信任而取得政权时提出的"国民生活第一"的竞选公约。在众议院表决提高消费税税率的法案时，小泽及其同仁毅然投了反对票，并不久宣布退出民主党，成立了新的"国民生活第一"党。

尽管如此，以野田为首的民主党已与自民党达成协议，在众议院上以多数赞成的结果通过了消费税提高税率的法案。民主党与自民党的妥协合作，使人感到三年前实现的执政党的交替和两大政党轮流执政的格局已开始模糊不清甚至出现了倒退。小泽一郎等政治家关于实现日本政治两大政党体制的理想，不得不说变得任重而道远了。

但值得注意的是，针对野田政府重新启动核电站的做法，日本国民也改变了等到国会大选时表达自己意见的姿态，不少民众开始自发参加游行示威活动以示反对。据最近日本媒体报道，这几个月来的每个星期五的傍晚，都有成千上万的民众有秩序地集聚在东京市中心的总理官邸前面，高呼"反对核电重新启动"的口号。该活动的规模在慢慢扩大，并在向大阪名古屋等其他城市蔓延。这种来自民间的政治活动，似乎暗示着日本社会寻求政治变革的某种深层的动态。

（3）野田解散众议院的意义（基于 2012 年 11 月 16 日博客）

今年的 11 月可被称为世界政坛之月。7 日，美国大选结束，奥巴马再次当选为总统。15 日，中国共产党全国代表大会闭幕，习近平出任党总书记和军委主席。16 日，日本首相野田宣布解散众议院，下月举行议员大选，再由当选的议员选出下一届的内阁首相。世界上经济规模最大的三个国家在一个月之间相继发生最高领导人的人事变动，可能在人类历史上还未曾发生过。

日本解散众议院可能出乎很多人的预料。这是因为，日本现任众议院的任期为明年 9 月，执政的民主党完全有资格执政到最后的一天。然而，野田首相为了换取自民党等在野党的赞成，顺利地通过关于发行国债以填补政府财政亏空和关于改善众议院大选中一票价值之差已

172

第六部分　日本的政治及制度

属违宪状态等几个法案，打出了自民党等早已梦寐以求的解散众议院的最后一张王牌，使得民主党提前九个月结束了原定为四年的执政使命。

野田政府及民主党的这种与在野党协商决定解散众议院的方式，一般被日本媒体称为"协商解散"。有些媒体严厉批判这种解散议会的方式，谴责这种方式放弃了政党主张的原则，是政党及政治家之间讨价还价、"密室协商"以及出卖选民的行为。然而，日本有关国会运作的法律制度中并没有明确条文限制这种方式，故"协商解散"并不违反日本国内的任何法律。

事实上，这种"协商解散"在战后日本的宪政史上也曾出现过。例如，1958年4月，当时执政的自民党与在野的社会党的党首之间曾举行会谈决定，对社会党提出的内阁不信任动议不进行议员的投票表决，而直接由自民党首相宣布解散众议院和进行大选。

当然，在战后日本的宪政史中，大多数的众议院解散是以关于某些重要法案的意见分歧为主要原因的。比如2005年8月，日本政坛围绕对国家邮政部门实行民营化的法案出现重大分歧。当时的小泉纯一郎首相宣布解散众议院举行大选，由日本国民通过直接选举议员的方式表达了对这一法案的民意。

又如1993年7月，执政的自民党原称要实施关于国会议员选举制度的改革，但后因党内意见难以统一而做出推迟改革的决定。在野的社会党和公明党等即提出内阁不信任动议，也得到了自民党内的改革派的赞同，从而在众议院表决中获得通过。当时的宫泽喜一首相被迫宣布解散众议院举行大选，结果自民党大败下野。

这次日本众议院的解散，在表面上似乎不是因为关于某些重大法案的意见分歧。但是，民主党执政三年多来，日本国民对其执政能力产生了重大的怀疑，民主党的支持率已下跌到百分之十几左右。同时，在野已久的自民党虽然对执政已跃跃欲试，其国民支持率依然只有百分之二十几。此外，与上述两党保持一定距离的被称为"第三势力"的其他政党和个人也开始图穷匕见和逐鹿中原。因此，这次众议院的

173

解散，是因为日本国内要求更换执政党的呼声高涨所致。在今后的一个月里，日本国民将作出对执政党的新的选择。

(4) 介绍点日本大选的制度（基于2012年12月7日博客）

每年的12月，在日本被称为"师走之月"，因为传统上每年此时人们都要走访师长，礼尚往来。今年的12月，日本将举行众议院大选，故成了大选的季节。因此，这次大选也被称为"师走大选"。据说，前一次的"师走大选"发生在中曾根内阁时代的1983年。

关于"师走大选"一词，估计中国国内的媒体不会提到。不仅如此，日本的大选制度究竟是怎么一回事，它是怎样建立和发展起来的，可能也不会有太多的人问津了解。知识就是力量。这里，不妨凭自己知道的一点东西，向读者介绍一些关于日本大选制度的知识。

根据日本近代史，日本的大选（即众议院选举）开始于一百二十多年前的1890年。前一年，日本的明治宪法正式公布，众议院议员选举法开始实施。当时该法律规定，每年上缴国税15日元的满25岁的男性公民才能参加投票。据统计，符合该条件的日本人只占总人口的百分之一。因此，当时的选举结果只代表了极少数人的民意。

到了1925年，上述纳税条件被取消，25岁以上的日本男子均获得了选举权。但是，这些选举人占全国人口的比率也只有百分之二十多一点，故其选举结果仍然只代表了少数人的意愿。二次大战后的1946年，20岁以上的日本男女公民均拥有了选举权利，该年选举产生的第22届众议院才可以说是反映了大多数日本公民的意向。

1947年，日本的战后宪法（即现行宪法）开始生效，都道府县和市町村两级的地方政府的首脑也开始由各地居民直接选举产生。众议院议员的选举则采用复数选区单记投票制。即每个选区设置多个议员席位，每个选民只能投一票给一个候选人，最后根据候选人的得票多少决定其是否当选。该制度在日本叫做中型选区制。

这个中型选区制一直沿用到九十年代初。在此制度下，同一政党的候选人会在同一选区中相互竞争当选的机会，造成互相"残杀"的

第六部分　日本的政治及制度

局面。同时，拥有资金优势的党派容易在得票上也占据优势，其结果造成自民党长期垄断日本政坛和党内金钱腐败成风。1994年，众议院投票通过了政治改革的法案，将中型选区制改成现行的小型选区兼比率分配制。

这一新的制度，首先把日本全国分成三百个小型选区，每个区只选出一个议员，共产生三百名议员。其次再把全国分成十一个区域板块，根据参加竞选的各个党派的得票率分配剩下来的一百八十个议员席位。据说，这种选举制度既可以减少上述中型选区制产生的弊病，又可以反映各个党派在选民中的人气程度。

这次的"师走大选"，严格来说，从12月4日的选举公告日开始，到12月16日的投票日结束，前后共十二天。这是日本公职选举法所规定的。在此期间，议员候选人被准许上街演讲集会，呼吁支持，但这些选举活动必须在投票日的前一天晚八点之前结束。此外，该选举法还详细规定，候选人不得访问选民的住宅，不得向选民发送信件，不得向选民提供饮料食品（茶点除外），等等。所有条文总共有两百七十五条之多。

(5) 自民党获胜说明了什么？（基于2012年12月21日博客）

12月16日晚，日本众议院大选揭晓。执政的民主党的席位从230个减少到57个，而在野的自民党从119个增加到了294个，即民主党大败，自民党大胜。自民党获得的席位数已超过总数的一半，在26日的众议院特别会议上，其总裁安倍晋三将被选为新的内阁总理，自民党将重新成为执政党。

针对这一选举结果，周围的日本同事也感到有些不可思议。他们原先认为，这次大选中民主党肯定要失去执政党的地位，但是自民党也不一定能获得半数以上的席位。然而，这次大选就像摆钟一样，将钟摆完全又摆到了自民党的一边。其结果引起了人们的深思：自民党的获胜说明了什么？

对于这个问题，如果回顾一下上次大选以来日本政坛的一些变化，

175

也许不难找到答案。上次的大选是在三年前的2009年8月，其结果正好与这次的相反：自民党大败从而下野，民主党大胜开始执政。自民党大败的主要原因是，自民党长期执政，固步自封，政策失误。日本国民便把希望寄托在民主党这个年青的政党上。

然而，民主党执政以后，很快就暴露了缺乏执政经验的弱点。其第一届内阁总理鸠山由纪夫执政不到一年，在处理美军驻冲绳基地的迁移问题上出尔反尔，受到国内舆论的批判而辞职。第二届总理菅直人则因对应处理日本东部大地震和福岛核电危机出现失误，在执政刚到一年后宣告下台。第三届总理野田佳彦上任后，通过了提高消费税税率的法案，重新启动了两座核电站，引起了将近一半的日本国民的反对。所有这些，使大部分日本国民对民主党的执政能力产生了根本的怀疑。

尽管如此，自民党执政时代的阴影依然留在民众的心上，许多人开始期待除了民主党和自民党之外的所谓"第三势力"的形成。针对这种期待，前东京都知事石原慎太郎与现任大阪市长桥下彻组成日本维新会，提出了对日本政治和经济进行改革维新的政策。此外，在这"第三势力"中，还有日本未来党等政党团体。但是，该阵营中的众多政党团体始终不能形成统一的政党组织，起到取代民主党和自民党的作用。

在这种情况下，自民党深刻反思了以前执政时代存在的问题，在这次大选前选拔了以安倍晋三为总裁的新领导班子，制定了许多合乎广大日本国民心理的政策方针。例如，加速日本东部地震的震后复兴，强化国土抗灾结构，实现国民经济增长，等等。这些政策内容，使许多日本国民回想起自民党执政的黄金时代，使他们对自民党的执政经验产生了强烈期待。

从这次大选的结果来看，广大日本国民用投票的方式否定了民主党的执政能力，选择了自民党的执政经验和施政方针，同时，对以日本维新会为代表的"第三势力"表示了一定的认可。日本政坛的钟摆再次摆向了自民党。但是，谁都知道，钟摆不会永远停止不动。就在大选结束后，自民党总裁安倍晋三十分谨慎地表示，这次获胜只说明民主党执政遭到了否定，但并不意味着自民党已经完全赢得了国民的信任。

（6）日本自民党的派别体系（基于2013年3月1日博客）

从日本自民党的安倍晋三重新开始执政以来，日本的经济出现了一些看好的局面。东京股价一直处于回复上升状态，日元与美元的汇率已大幅下降，十分有利于大批日本出口产业的经营改善。在此背景下，以安倍为首的自民党政府的民调支持率已上升到70%的高水平。三年前曾一度下野的自民党似乎在日本国民心中恢复了名誉。

提起自民党，日本国民都知道其内部存在着复杂的派别体系。比如，现任总裁安倍属于町村派，该派在二十多年前叫安倍派，其领袖便是安倍的父亲安倍晋太郎。再上溯十多年的话，安倍派则叫福田派，其首领福田赳夫与中国缔结了中日和平友好条约。福田派在十多年前又叫岸派，其头头岸信介当时与美国签订了日美安保条约。

中国民众比较熟悉的原日本首相田中角荣，在任期间率领的派别叫田中派。他退出政坛后，该派改名为竹下（登）派。竹下派后来分裂为小渕（惠三）派和小泽（一郎）集团。前者现在改称为额贺派，而小泽集团后来离开自民党成立新生党，后又组成自由党再并入民主党。去年小泽又退出民主党，现为日本生活党的代表。

总之，日本自民党内的派别体系历史悠久，错综复杂。其他国家的政府和政经人士如果想与日本政坛建立人脉关系和处理两国关系，了解和掌握自民党内派别体系的来龙去脉，显然是非常重要的。在日本社会中，人们对自民党内派别体系的作用，基本持一分为二的态度。

首先，自民党内的派别存在，使该党内部拥有一定的多样性。这种多样性，使得自民党可以通过让派别领袖轮流担任总裁及组阁的方式来对应各种各样的国际国内社会经济环境的变化，从而使该党在战后相当长的一个时期内维持了执政党的地位。

其次，自民党内的派别存在，使该党内部形成了一种权力制衡的

177

机制，比较有效地防止和减少了该党腐败现象的出现和恶化。比如，上世纪七十年代中期，田中角荣出现受贿丑闻，引起了日本国民的极端不满。自民党内的其他党派便联合起来反对田中继续执政，迫使田中辞职下台，从而也避免了自民党彻底丧失民众支持的局面。

当然，日本国民也十分清楚，自民党内的派别存在也有一定的负面作用。比如，派别之间的争斗也带来了党政要职分配上的平均主义，不利于超越派别的适材适所。同时，派别之间的争斗一般不会超越党章的范围，自民党的总裁毕竟是自民党的总裁，日本国民对政党及政府的选择范围依然受到了限制。

20 安倍内阁及其政策

(1) "安倍经济学"依据何在? （基于2013年8月23日博客）

去年年底以来，以安倍晋三为首的日本自民党重新上台执政，开始实行被称为"安倍经济学（Abe-nomics）"的一系列经济政策，使日本经济开始恢复增长。"安倍经济学"的主要内容包括金融政策、财政政策和增长战略三个方面，安倍本人称之为发展经济的"三支利箭"。

目前，这"三支利箭"似乎已开始发挥促使日本经济复苏增长的作用。但是，从经济学的角度来看，这"三支利箭"的理论依据并没有什么很新的东西，它们大都来自于宏观经济学中的凯恩斯理论。尽管如此，在众多的理论中，政治家要找到真正适合特定时代和空间（国家、地区）的经济理论，并不是一件容易的事情。

"安倍经济学"的这"三支利箭"的基本内容是，一、实行大胆宽松的金融政策，即以2%的通货膨胀率为政策目标，最大限度地缓和放松货币政策。二、实施有效的财政政策，即由央行从市场大量购入和拥有建设性国债，大规模地进行强化国土抗灾能力的公共投资。三、实施刺激民营企业投资的增长战略，如大力发展信息、环保、医疗健康等增长型产业，发挥年青人和妇女在经济建设中的作用等。

在这"三支利箭"中，金融政策似乎最快就发挥了作用，取得了

178

一定的效果。从去年年底开始，日元相对于美元的汇率大幅度下跌，使汽车制造业等出口产业的经营状况大为改善。同时，东京股市价格迅速上涨，不仅给广大股民增加了收益，也使在股市中运营的社保基金等取得巨额盈利。

目前，日本许多大中企业的经营业绩均出现好转，今年夏天向员工发放的奖金比去年同期增加了许多，倒产企业的数量有所减少，企业招工人数出现上升，失业率则有所下降。今年7月国际货币基金组织发表的世界经济增长预测中，日本是唯一预测增长率得到上调的国家。

用经济学的术语来讲，"安倍经济学"中的金融政策和财政政策就是为了增加货币供给和政府支出。根据经典的凯恩斯理论（即IS-LM理论），货币供给量的增加势必引起利息率的下降，从而促进投资的扩大，带来产出的增加。同时，政府支出的增加意味着需求的增加，从而促成生产的扩大和产出的增加。从这点来讲，"安倍经济学"是有一定的经济学依据的。

事实上，"安倍经济学"以前的几届日本政府，为了实现经济增长，也根据凯恩斯的理论制定了许多诸如增加公共投资的政策。但是，他们均没有能够像"安倍经济学"那样考虑实行大胆宽松的金融货币政策，因而均未能使日本经济摆脱通货萎缩和经济停顿的恶性循环。

安倍内阁以前的几届政府及其周围的经济学家们大都担心，过分地缓和放松金融货币政策会否带来过分的通货膨胀，从而造成社会的不稳定。的确，很多宏观经济学教科书中也经常写道，增加政府支出和货币供给会诱发所谓需求拉动的通货膨胀。因此，在各种各样的经济学理论中，找到真正符合某一时代和某一国家（地区）实际状况的经济理论，并以此为依据制定出行之有效的经济政策，不是一件容易的事情。

（2）消费税增税及其风险（基于2013年8月30日博客）

目前日本的经济发展，在"安倍经济学"的作用下，似乎处于比较乐观的状态。但是，根据安倍首相是否在今年秋天正式决定在明年四月把现行的消费税的税率从5%提高到8%，日本经济以及"安倍经济学"将迎来新的考验。其最坏的结果是，日本经济再次出现萧条的局面。

近二三十年来，消费税的设立及其税率的上调，虽然是日本经济的必由之路，但也一直是政治和社会出现严重分歧和动荡的重要原因之一。从这个意义上来讲，日本经济只有顺利地通过消费税增税的难关，才能为进一步高龄化和人口减少的日本社会提供比较充分的财政资源，从而实现长期的可持续性的发展。

日本所谓的消费税，是指国家对所有消费者在购买商品和接受服务时所支付代价的征税，现行税率为5%。在日本购买过商品的人都知道，如果你购买的商品价格（即征税前）为10000日元，你必须支付10500日元。其中的500日元即作为消费税成为政府的税收。因此，在日本购物，需要注意商品价格的标记是否包含了消费税在内。

一般来说，消费税针对个人及企业的消费行为征税，在性质上不同于针对个人及企业的收入征税的所得税。在日本，政府的消费税收入仅次于所得税的收入，消费税已成为对应社会福利问题的重要财政收入来源。据预测，日本社会的高龄化和人口减少将进一步持续下去。对此，日本政府极力主张要进一步提高消费税的税率。

尽管消费税的作用无可否认，但是增税是一件不受欢迎的事情。消费税的设立及其税率的调整，在日本有过一段曲折的经历。早在1978年，大平内阁首次提出了消费税的设想，后因自民党在大选中的失利而不了了之。十年后的1988年，竹下内阁提出的法案得以通过，次年消费税开始实行，税率为3%.

1994年，细川内阁提出了废除消费税而设立税率为7%的"国民福祉税"的构想。因遭到社会舆论的强烈反对，该构想即被撤回，细川内阁也宣告辞职。1997年，桥本内阁以充实福祉为名义决定将消费税税率从3%提高到5%。但是，第二年日本的国内总产值便出现了百分之二的负增长。

180

第六部分　日本的政治及制度

　　显然，消费税率的上调意味着实际物价的上涨及实际收入的下降，从而带来整个社会的消费支出的减少。这种消费支出的减少势必造成生产投入的缩小，在宏观经济上带来经济规模的减小，即国内总产值的负增长。从这点来说，消费税率的上调将对经济增长产生重大的影响。

　　根据去年日本国会通过的法案，消费税的税率预定在2014年4月从现行的5%提高到8%，在2015年10月再从8%上调到10%。同时，法案还规定，税率是否调整，将由内阁首相根据国民经济增长的具体状况作出最终的决定。人们担心，1997-1998年期间因消费税增税而出现的国民经济的萧条现象，是否会在明后年再次重演？"安倍经济学"和日本经济将面临严峻的考验。

（3）日本出台国家战略特区（基于2014年4月18日博客）

　　今年三月底，日本政府公布了首批被指定为其国家战略特区的六个地区。它们分别是，东京地区、大阪地区、冲绳县、新泻市、兵库县养父市、福冈市。在这些地区中，日本政府将实施有关制度改革，增强区域经济的活力，促进整个日本的经济发展。这些国家战略特区的设立，是"安倍经济学"的重要经济增长战略之一，被期待为其经济政策的"第三支利箭"的重点。

　　关于用制定特区发展经济的做法，2002年的小泉内阁曾参考中国的经济特区的经验，制定过"结构改革特区"。2011年，当时执政的日本民主党也出台过所谓"综合特区"的制度。但是，从政策力度来看，现在出台的国家战略特区似乎要超过以前的特区政策。如果从特区规模来看，日本的国家战略特区显然要大于中国的上海自由贸易试验区。

　　根据最近日本政府公布的资料，首批国家战略特区的主题涵盖经济、医疗、农业、就业和旅游等多方面。其中，东京地区的主要目标是要推进国际经贸的发展。大阪地区侧重医疗技术的革新和医疗产业的振兴。冲绳县将通过缓和签证条件等方式促进国际性旅游中心的建

181

设。新潟市准备着手大规模的农业制度改革以提高农业生产率。兵库县养父市将尝试改革农地集约化的制度来减少山区农地弃耕现象。福冈市则重点改革就业制度以改善中小企业的求人用人环境。

这些特区的共同点便是，通过大胆改革现行的制度和缓和制度的制约来促进区域经济乃至国民经济的发展。比如在东京地区，日本政府将缓和建筑容积率，促进高层建筑的建设，以满足国际经贸发展的需要。在大阪地区，则考虑放宽对保险外医疗的限制和加快对先进医疗技术及药品的审批速度，推动医疗技术和产业的发展。此外，在农业方面，日本历来对股份公司参与农业经营和农地转卖有极其严格的制度制约。对此，新潟市和养父市将进行大胆改革试点，并企图建立推广新的体制及制度。

还值得注意的是，日本政府出台的这些国家战略特区，是安倍内阁的经济增长战略的重要一环，属于安倍经济政策的"第三支利箭"的重点。安倍经济政策的所谓"第一支利箭"是实行大胆的金融缓和措施，"第二支利箭"为大规模进行财政支出和公共投资。这次的国家战略特区的出台，与上述措施互相配合补充，在政策力度上将超过以往实施的特区战略。

此外，首批国家战略特区覆盖东京、大阪等六个地区，在规模上远远超过了中国在去年9月挂牌的上海自由贸易试验区。后者涉及的面积仅为二十九平方公里，且零散分布在上海市的浦东新区之内的几个地方。相比之下，从城市和区域经济学的原理来看，日本的国家战略特区显然可能期待获得更大的规模经济效益和集聚经济效益。

（4）日本现行宪法及改宪动向（基于2013年8月16日博客）

每年8月15日，日本全国上下都要举行各种各样的仪式和活动，纪念第二次世界大战的结束。今年的8月15日，内阁总理安倍晋三在全国战死者追悼仪式上发表讲话，其中没有直接提到二次大战中日本给亚洲各国人民带来的巨大灾难以及对此的深刻反省，使国内外媒体对其意图表示关注。

安倍的言行引起媒体的高度关注，显然是与以他为首的自民党近来积极主张修改日本现行宪法的举动密切相关。日本现行宪法自二战结束后的1947年5月开始实施至今。其第九条明确规定日本永远放弃战争，不保持陆海空武装力量。因此，该宪法也经常被称为"和平"宪法。这里不妨把该宪法与自民党公布的修改方案的有关条文作个比较，以介绍一些目前日本改宪的动态。

首先，日本现行宪法的第二章即第九条是这样表述的：

"第二章　放弃战争

第九条　日本国民真诚谋求基于正义与秩序的国际和平，永远放弃以国家权力发动战争，放弃以武力威胁或行使武力为手段解决国际争端。

为达到前项目的，日本将不保持陆海空及其他武装力量，不承认国家的交战权。"

其次，自民党在去年4月公布的日本宪法修改方案的第二章则这样表述：

"第二章　安全保障

（和平主义）

第九条　日本国民真诚谋求基于正义与秩序的国际和平，放弃以国家权力发动战争，不采用以武力威胁或行使武力为解决国际争端的手段。

前项的规定，并不妨碍自卫权的行使。

（国防军）

第九条之二　为确保我国的和平与独立以及国家与国民的安全，保持以内阁总理大臣为最高统帅的国防军。

国防军在执行前项规定的任务时，根据法律服从国会的批准以及其他的规定。

国防军在执行前项规定的任务之外，根据法律规定，可以从事为了确保国际社会和平与安全的与国际社会相协调的活动，从事为了维护公共秩序以及保护国民的生命及自由的活动。

183

除了上述规定以外，关于国防军的组织、管理以及机密保护的事项，根据法律作出规定。

在审判属于国防军的军人及其他公务员在履行职务和保护机密时所犯罪行时，将根据法律规定，在国防军里设置法庭。被告人向法庭上诉的权利必须受到保护。

（领土等的保全等）

第九条之三　国家为了维护主权与独立，必须与国民协作保卫领土、领海及领空的完整和资源。"

从上面的条文比较中不难看出，日本现行宪法明确规定，日本永远放弃国家发动战争的权利和拥有武装力量。而自民党的改宪方案则意味着，为了自卫可以行使武力，同时国家需要拥有国防军来维护国家的主权与独立和保卫国家的安全及资源。

不过，日本现行宪法的第九十六条还规定了修改现行宪法的法律程序如下：

"本宪法的修改，必须经各议院全体议员三分之二以上的赞成，由国会提议，向国民提出，并得其承认。在此承认过程中，必须在特别国民投票或国会规定的选举时进行投票，并获得半数以上的赞成。"

(5) 日本朝野争议"自卫权"（基于2014年5月30日博客）

根据中国人的经验，涉及国家外交国防战略的大事，一般听从政府高层的决定即可。早在上世纪的七十年代初，中国政府决定与"美帝"携手联合对抗"苏修"的霸权扩张。老百姓们都是从广播及报纸上知道了这一重大战略决定，几乎没有人觉得有必要议论一下这一决定是否合理和正确。

然而，最近发生在日本的关于日本是否要行使所谓集体自卫权的争议，可能超越了上述中国人的经验。以安倍晋三为首的日本自民党极力主张日本应该行使集体自卫权以保卫国民的生命安全及和平环境。日本的主要野党民主党主张要行使该权力就应该修改宪法。日本共产党则坚决反对行使这一权力，认为这样做会使日本再次卷入战争的灾难。直至今天，日本朝野各党派仍在争议之中。

所谓集体自卫权是指一个国家在其同盟国受到第三国攻击时可以援助该同盟国并与其共同抵御第三国的权力。该权力早已为联合国宪章所认可，是国际法承认的一种国家权力。一般来说，世界上所有国家都自然拥有这一权力。

然而，日本现行宪法规定日本放弃战争，不承认国家拥有"交战权"。根据日本政府对这一规定的解释，现行宪法并没有否定国家的"自卫权"，因此日本可以拥有专门用来自卫的"自卫队"。不过，联合国宪章中提到的"自卫权"又分为"个别自卫权"和"集体自卫权"两种。按照历届日本政府的官方见解，日本拥有的"自卫权"是指"个别自卫权"，即当受到他国攻击时可以行使自卫的权力，而不包含"集体自卫权"。

因此，长期以来，日本虽然与美国缔结了日美安全保障条约，但是一直不可能"积极"地参与美国在世界各地发动的各种"战争"（包括一些以美国受到了武力攻击为理由的"战争"）。所以，美国政府非常赞成日本能够开始行使集体自卫权，以便在今后的"战争"中可以得到日本的"积极"参与。

当然，最近日本自民党积极主张行使集体自卫权，并不是仅仅因为美国的强烈期待，在很大程度上也与围绕日本列岛的东亚地区国际外交环境发生了一些变化密切有关。根据日本主要媒体的报道，日本与朝鲜的对立关系一直没有得到缓和，朝鲜经常进行核试验和发射远程火箭，威胁着日本的安全。

此外，中国与日本关于东海中的岛屿及资源的摩擦与对峙日趋严峻，也给日本自民党等党派强调来自中国的军事威胁提供了不少口实。因此，这些党派竭力强调日美安全保障条约以及日本"积极"参与美国的亚太战略的重要，积极主张日本可以行使集体自卫权乃至修改现行日本宪法。

对此，日本的一般国民又是怎样看待的呢？根据日本四大报纸之一的《日本经济新闻》在5月下旬进行的一项民意调查，47%的人反对可以行使集体自卫权，37%的人表示赞成。51%的人反对不通过修改现行宪法而只改变对宪法的解释来决定行使集体自卫权，而赞成这一做法的人为28%。当然，这一民调结果仅反应日本国民目前的看法。这种看法将根据日本朝野各党派的争议、社会媒体的报道、美国政府的意向以及东亚国际外交环境的变化而发生变化。

(6)"安倍经济学"接受审判（基于2014年12月12日博客）

上个月下旬，日本内阁总理安倍晋三解散了众议院，整个日本进入了众议院议员大选的阶段。根据日本的法律，选举产生的新一届众议院议员将投票选出新的内阁总理并由其组阁。这次选举关系到今后四年由哪家政党来执政。日本各家政党推荐的议员候选人均到处游说演讲，呼吁支持。选举结果将于本月14日公布揭晓。

自上届众议院大选以来，安倍已执政两年。故这次大选的焦点自然是安倍所推行的"安倍经济学"政策是否行之有效。日本各大报刊均登出这样的醒目标题："安倍经济学"接受"审判"，即安倍政权实行的经济政策将以投票的方式接受民众的评判。日本国民将选择他们认为能实行有效的经济政策的政党来执政治国。

所谓"安倍经济学"，是指自两年前的大选以来安倍及其自民党所主张和推行的经济政策的总称。其内容包括三个基本方面，即大胆的金融政策、积极的财政政策、和刺激民营企业投资的增长战略。这三方面的政策被称为"安倍经济学"的"三支利箭"。

安倍上台以来的两年，这"三支利箭"是否真正射中经济发展的目标了？首先来看金融政策的效果。安倍实行的大胆宽松的金融政策，使日元相对于美元的汇率迅速下跌，东京股市的价格明显上升。前者进一步使日本的大量出口产业改善经营，后者则有利于企业家对未来产生乐观和积极投资。

其次是积极财政政策的效果。安倍执政以来加强了对防震抗灾和交通信息网络等社会基础设施的公共投资，从而引发了许多社会有效需求。而在增长战略的方面，日本出台了一系列的国家战略特区的政

第六部分　日本的政治及制度

策，企图通过在这些特区中改革缓和现行制度的制约促进区域经济乃至国民经济的发展。

然而，针对"安倍经济学"的这些成果，日本绝大多数的在野政党均不以为然。他们尖锐地指出，"安倍经济学"虽然使一些企业获得了盈利，但并没有给广大民众带来收入的增加。不仅如此，今年四月实施的消费税税率的上调，使物价明显上涨，人民生活受到严重的影响，导致 GDP 出现了负增长。

此外，在野各党还纷纷指出安倍政权在经济政策以外的领域出现了重大问题。例如，安倍上台以后改变了历届政府对宪法的解释，决定允许政府在一定条件下行使所谓"集体自卫权"。自民党占多数的国会通过了所谓"特定机密保护法"，限制了政府公开信息的范围。还有，安倍政权主张重新启动日本国内的核电设施，而反核群众团体表示坚决反对。总之，在野各党主张，这次大选的焦点不应局限于"安倍经济学"，而应该把安倍推行的其他重要政策也拿到光天化日下接受民众的"审判"。

根据最近日本各大报刊的民意调查，以安倍为首的自民党有可能在这次大选中获得半数以上的议员席位。自民党及其联合伙伴公明党甚至有可能取得三分之二以上的席位。这一民意倾向显然与日本国民在几年前亲眼目睹民主党执政并没有带来可观变化的事实有关。对他们来说，与其选择一个缺乏经验和令人不安的执政党，还不如让一个有一定执政经验的政党继续执政一段时间再说。

(7)"安倍经济学"是"阿背经济学"？　(基于 2017 年 3 月 24 日博客)

最近，关于日本安倍晋三内阁实行的所谓"安倍经济学（Abenomics）"政策，日本的出版界出版了一些富有批判精神的书籍。其中特别引人注目的，是同志社大学教授浜矩子和经济评论家佐高信两人合著的《"阿背经济学"的真相》一书。正如书名所示，两位作者把"安倍经济学"称为"阿背经济学"，辛辣和尖锐地指出了"安倍经济学"的缺陷，读后令人深思。

187

这里用的"阿背"一词，是根据日语"Aho"一词意译而来。"Aho"原意为"傻瓜"，两位作者称"安倍经济学"为"Aho-nomics"，即可直译为"傻瓜经济学"。但是，根据中文中"安倍"一词的谐音，也许译为"阿背经济学"更恰当。因为"阿背"意为"背时"，与"傻瓜"的意思接近。用"阿背经济学"一词，可以更生动地把两位作者对"安倍经济学"的辛辣讽刺表达出来。

事实上，阅读该书可以感到，两位作者认为日本这几年实行的"安倍经济学"有很多地方都是"背时"的，即背离和落后时代的。比如"安倍经济学"中的"第二支利箭"主张用积极财政支出的政策促进公共投资，从而达到唤起社会有效需求及拉动经济发展的目的。然而，这些主张无论在理论上还是在实践上均没有太多新意，属于各国政府惯用的传统经济政策。

此外，"安倍经济学"中的"第三支利箭"提出了诸如改革劳动就业制度及发挥妇女在经济建设中的作用等经济增长战略。然而，这些战略内容也是过去20年来历届日本政府所主张的东西。日本主要经济报纸《日本经济新闻》最近也载文指出，关于这些战略，安倍内阁召开的各种研讨决策的会议的确不少，但并没有让人们看到具体的经济增长的成果。

最后，即使是"安倍经济学"中最有特色的"第一支利箭"，也似乎已是强弩之末。该"利箭"目标为实行大胆的金融缓和政策，大规模增加货币投放，以促进物价回升，使经济摆脱通货收缩。这些政策在"安倍经济学"实施初期的确带来了股市上升及出口增加的景气局面。然而，目前物价指数仍处负值状态，与预期的通胀目标相去甚远。

当然，关于"安倍经济学"的评价，在日本社会中存在着正反不同的意见。尽管"安倍经济学"还没有达到预期的效果，日本国民对安倍内阁的支持率仍处于百分之五六十的较高水平。"安倍经济学"是否以失败告终，即真正变成"阿背经济学"，还需要由实践给出最终的答案。

第七部分 中国、日本及世界

21 如何看待中日关系

（1）中国需要长期的和平（基于2012年4月27日博客）

4月中旬，中国与菲律宾之间在南海黄岩岛一带发生紧张对峙现象，引起了国内外各方的高度关注。无独有偶，关于中国与日本之间存在领土争议的钓鱼岛（日本名：尖阁诸岛），东京都知事石原慎太郎宣布，东京都准备从持有该岛土地所有权的日本公民那儿购买该岛产权，企图实现官方对该岛的实际控制。

一般来说，世界上任何两个国家之间，如果存在领土领海所属的争议，双方都会当仁不让。这些争议，开始时主要发生在民间老百姓之间，其影响也有限。但是，如果事态得不到有效控制，争端会升级成为两国政府之间的外交对立，最严重的甚至会引起两国之间的军事冲突和战争。

针对中国与周围其他国家之间的部分领土领海所属问题的争端，中国政府主张用和平和外交的方式加以解决。然而，随着中国经济的发展和综合国力的增强，从海内外中国人中也可以听到主张用军事手段解决领土争端的意见。显然，如果在领土争端问题上发生军事冲突乃至局部战争的话，中国和平崛起的环境将受到严重影响和破坏。

我认为，尽管中国现在已经成为世界第二经济大国，中国仍然需要一个长期的乃至永久的国内稳定和国际和平的环境。纵观世界上所有发达国家的发展史，无一不是经历了一个长期的和平稳定的发展阶段。比如日本，在第二次世界大战后，放弃了选择战争的权力，全力以赴地发展国民经济和构建民主社会。战后六十多年，日本几乎没有与其他国家发生过军事冲突。

即使是美国，尽管在二次大战后在世界各地挑起和介入无数的局部战争和军事冲突，但是，这些战火从来没有直接涉及到美国的国土。战后六十多年，美国国内虽然也发生过许多民众游行示威乃至暴动骚乱的事件，但是，美国始终没有出现过像中国文化大革命一样的国家机器无法运作的时期。

再回顾一下中国过去一百年的历史，谁都可以知道，中国现在的和平稳定的环境真是来之不易！辛亥革命推翻了大清王朝，但不久便军阀混战，天下大乱。以后，国共两党长期对立，抗日战争爆发。抗战结束后，爆发解放战争，一直到中华人民共和国成立。以后，全国性的战争结束了，但各种政治运动连续不断，又发生文化大革命的十年浩劫。其间，中国与台湾、印度、苏联和越南等地区和国家之间发生过许多军事冲突及局部战争。

严格来说，中国现在的和平稳定局面，是从上世纪八十年代才开始的。也就是在八十年代以来的三十多年的和平稳定的环境中，中国一心一意地搞经济建设，取得了举世瞩目的经济发展。换句话说，和平稳定的环境是现代中国发展的不可缺少的基本前提。中国人应该像爱护自己的眼睛一样，珍惜现在的和平和稳定。

同时，现在的中国虽然已成为世界经济大国，但是，改革开放并没有完全成功。中国还存在着普遍的分配不公、诚信缺失和贪污腐败等社会问题。要根本地解决这些问题，中国需要进一步地进行经济改革和政治改革。这说不定又需要二三十年的时间。因此，长期的国内稳定和国际和平的环境，是基本前提。

记得在上世纪六十年代末和七十年代末，中国先后与苏联和越南之间发生过严重的军事冲突和局部战争。其主要原因之一也是因为领土的纷争。然而，最近二十年里，中国与俄罗斯和越南成功地解决了陆地部分的领土争端问题。这充分说明，领土问题将来是可以解决的，何必要现在大动干戈和牺牲人命及和平呢！

（2）"一分为三"地看日本（基于2012年9月28日博客）

记得四五年前回国参加中学同学会时，有几位老同学问起日本的社会舆论是如何看待中国的和中国又应该怎样对待日本的问题。我当时介绍了一个"一分为三"的观点，即主张把日本的社会舆论分成三大板块加以理解和对待。

首先是左边的一块。这一板块的社会舆论对中国一直持理解和友好的态度。他们十分敬佩中国悠久的历史，深知中国文化对日本的深刻影响，喜欢中国的文艺作品及物产食品。其中不少友好人士积极主张，在二十一世纪里日本应该与中国加强交流合作，建立东亚经济共同体，促进亚太地区的进一步发展。

其次是右边的一块。这一板块的社会舆论一般对中国持冷淡乃至对立的观点。其中有些人士认为，中国持有以我为中心的所谓"中华思想"，有扩大版图和称霸亚洲的野心。对此，他们主张日本应该坚持与美国建立的同盟关系，在政治和军事上牵制中国的发展。

第三则是中间的一块。这一板块的社会舆论对中国的姿态可以用不了解或不太感兴趣来形容。其中的多数人士一般对欧美的思想和文化感兴趣，对西方的科技和艺术非常崇拜和欣赏。他们对中国的理解和态度，在很大程度上取决于社会媒体关于中国政治、经济和社会的各种报道和评论。

这三大块不同的社会舆论的比例，大致均为三分之一左右。换句话说，三者各自都只占少数比例！因此，一般来说，日本的整个社会及舆论不会轻易完全地变成亲华或反华的状态。近十年来，日本的许多民意调查显示，日本国民中不亲信中国的比重超过了半数。这可以解释为，上述中间板块的社会舆论正在偏向右边。

如果这样的解释是有道理的话，如何"一分为三"地理解和对待日本的社会舆论至关重要。简单地说，进一步加强与左边板块的交流和亲善，争取到中间板块的理解和信赖，则有可能扭转中日社会及舆论间互不亲信过半的局面。

(3) 说说最近日本社会的气氛（基于2013年1月25日博客）

去年下半年以来，由于众所周知的原因，中国和日本之间的关系变得十分紧张，两国的老百姓也为此感到不安。最近，从中国回来的亲友说，在国内感觉到了中日间就要打仗的气氛。连住在美国的好友也写来邮件关心，中日间是否真的要开战了？

在这种紧张的气氛之下，今年春节想来日本观光的中国旅游者一定要大为减少了。以后想来日本留学深造的中国高中生和大学生，一定会遭到他们的家长的极力反对了。国内人们的心中，一定都会这么想，都要打仗了，还去日本干什么？

然而，实事求是地说，在日本却感觉不到中日间就要打仗开战的气氛。新年伊始，日本广大媒体最感兴趣的是，刚刚上台的安倍自民党政府将采取什么经济政策，使日本经济尽快进入增长的状态。最近这几天，日本媒体的头条新闻，是关于在阿尔及利亚工作的十几名日本籍职工被当地恐怖武装分子绑架和杀害的消息。其次则是朝鲜谴责联合国安理会对其发射卫星（导弹）的决议并声称又要进行新的核试验。

当然，在排在第三或第四条的主要新闻中，日本媒体会报道，中国的"渔政"船只又进入了日本主张拥有主权的海域，日本海上保安厅的船只发出了警告，后来中国的船只就驶离了该海域。有时也会报道，中国"渔政"系统的飞机接近了日本的防空警戒领域，日本航空自卫队的战斗机紧急起飞加强戒备。这样的紧急起飞的次数已超过了针对俄罗斯飞机的次数，等等。

不可否认，在日本少数的右翼报刊上，也有关于中日开战的模拟结果的报道以及宣扬日本应该拥有核武器的言论。但是，这些报刊的内容一般都上不了日本主要媒体的主要版面，因此基本上成不了大气候。所以，在日本生活和工作，感觉不到中日间就要打仗开战的气氛。

如果仅仅从这样的社会气氛来说，春节期间想到日本来看看戴上雪帽的富士山，泡泡热腾腾的温泉，买点日本产的化妆品和日用品的中国旅游者，尽管可以按计划地来日本。如果在考虑今后到日本留学深造的中国高中生和大学生，尽管可以按部就班地去实现自己的计划。

(4) 日企调整对华投资战略（基于2013年5月3日博客）

进入今年以来，从日本众多的媒体报道和评论中似乎可以感觉到，许多日本企业都在考虑和调整针对中国大陆的经营投资战略。他们所面临的重大战略选择为，是继续或深入展开在华的经营投资项目？还是从中国大陆撤出人力财力而把经营投资的重点转向东南亚地区？

从有关报道和评论来看，促使日本企业调整对华投资战略的最重要的原因，显然是目前中日两国之间紧张的外交关系。在这种紧张的政治关系之下，大多数的日本企业均开始担心他们在中国的经营投资项目会否受到深刻的影响。其中有不少日企已开始权衡比较这种影响会造成的损失与继续在华投资经营所能获得的收益谁大谁小。

当然，日企重新评价和调整对华投资战略，还有其他的重要原因。其中，最值得一提的是，近年来东南亚各国的政治经济形势发生了巨大的变化。比如，越南早年开始效仿中国的改革开放政策，现已大大改善了外企投资的环境。印度尼西亚的经济开始起飞，其庞大的人口规模已逐渐形成巨大的消费市场。长期实行独裁统治的缅甸，也已开始尝试政治民主制度，使西方各国先后解除了对该国的经济制裁，并作为亚洲最后一块未开垦的巨大市场，引起了国外投资家的强烈兴趣。

东南亚各国的这些变化，使得这些国家在日本企业家的心目中已成为颇具魅力的投资和消费的市场。诚然，单纯从人口数量上来看，东南亚各国的市场规模没有中国大陆大。但是，对日本企业家来讲，东南亚的市场规模足够为日本企业及日本经济提供所需要的资源和收益。更何况日本与东南亚各国之间自二次大战结束以来未曾发生过紧张的外交对峙。

根据日本国内媒体的各种报道和评论，目前有许多日本企业正在考虑实施所谓China plus one的经营投资战略。这一战略把中国大陆看作是一个主要的经营投资对象，同时也把东南亚或其中一部分地区视为另一个重要的经营投资空间。其目的显然是为了分散把经营资源全部集中在中国可能承受的风险。

此外，也有一些日本企业家以及经营战略专家提出了所谓Passing China的经营投资战略。该战略主张，越过中国大陆而把企业的经营资源都投向东南亚或世界其他地区。采取这一战略的日本企业，将从中国大陆撤出所有的人力和财力。如果这些企业已在中国拥有了一定规模的消费市场和劳动力市场的话，其撤退对中国经济将会产生重大影响。

最后，最近在日本的一个主要媒体上也看到了日本企业家正在思考的第三种对华经营投资战略。这种战略主张企业应该积极进行"风险投资"，即认为在中日两国外交关系十分紧张的时候，反而存在着巨大的投资机会。企业家如果抓住了这种机会，就有可能在未来的中国经济和市场中取得更大的成功。

(5) 中国访日游客数创新高（基于2014年8月22日博客）

8月20日，日本的政府观光局（JNTO）公布了今年7月来日本旅游访问的外国人数统计结果：来自中国大陆的游客人数比去年7月增加了101%达28万人，名列其他各国游客人数的前茅。对此，日本不少媒体均表示惊奇：日中恶化了的外交关系尚未出现明显的改善，中国的访日游客人数却已恢复到了恶化前的水平！

根据JNTO公布的数据，两年前的2012年的7月，中国大陆访日游客人数已达20万人，第一次超过了来自韩国和台湾的游客人数而名列前茅。然而，就在该年的9月，日本当时执政的民主党政府总理野田佳彦宣布对钓鱼岛（日本称尖阁诸岛）实行国有化，中日关系急速恶化。该年10月的中国访日游客人数即比前年同期减少了34%，这种减少的趋势持续了将近一年。

这两年来，由于钓鱼岛的主权归属以及日本政府首脑参拜靖国神社等问题，中日政府之间的关系十分紧张，两国首脑之间的会面和对话一直搞不起来。但是，尽管如此，中日之间的民间交流已开始向正常化的方向恢复。从去年的9月开始，中国访日游客人数与前年同期相比转为增长。该增长势头持续保持至今，使中国访日游客人数重新成为世界第一。

关于中国访日游客人数迅速恢复的原因，日本媒体列举了近年来中日之间开设的许多豪华游轮项目以及直飞航班等事例。不过，我个人认为，如果没有大量潜在的访日旅游的需求，这些开设的游轮项目和直飞航班又怎么能够得以盈利和持续呢？显然，日本碧水蓝天的自然景色、与自然协调的人文古迹、安全卫生的饮食文化、文明礼让的社会秩序、还有现代化的都市风光，确有很多吸引中国游客来先睹为快的东西。

当然，对于现在的日本社会，世界人民还持有一些疑虑。比如最近从微信上传来的题为《日本人因当年核辐射已经变异》一文就是一例。文章不知从哪儿拼凑了一些可怕的变异动植物的照片，企图说明是日本的福岛核辐射泄漏影响造成的。然而，当今的世界毕竟已进入了高度全球化和信息化的时代。对于各种官方或非官方的说法和限制，人们已完全可以通过自己的眼睛、手足和大脑来观察、考证和明辨其真伪是非了。

22 日本与世界经济

（1）日本的经济衰退了吗？（基于2013年7月12日博客）

前段时间，好像有一篇题为《中国的现状》的文章在网上广泛流传，我的邮箱里也曾收到过两次。其内容想必已家喻户晓，在此不须重复。记得该文章中有这么一条警句："日本快速发展后的迅速衰落，值得所有国人警惕"。这里只想议论一下这条警句所提示的说法。

第一次读到这条警句，我不禁推想到，一部分国人现在已认为日本经济在迅速衰落了。然而，坦率地说，这种认识与在日本生活的大多数人的感觉是完全不同的。出于职业的习惯，我又特地查阅了有一定权威的国际货币基金组织公布的最新数据，也证实了"日本经济在迅速衰落"这一说法的偏误。

诚然，在日本长期生活的大多数人都已感觉到，日本经济在上世纪八十年代后期产生的"泡沫"破裂以后，一直处于不景气的状态中。国内生产总值（GDP）的实际增长率基本在零值上下徘徊，老百姓的收入没有什么大的增加，大学毕业生的就业率始终达不到百分之百的水平。二十年来，高速公路和新干线似乎也没有什么大规模的建设和展开，城市和农村的基本景观几乎没有太大的变化。

然而，这种不景气的现象并不意味着经济在衰落。事实上，在日本生活一两年以上就会感觉到，一般老百姓的衣食住行并没有出现短缺和匮乏。一个普通的大学生毕业时基本可以找到一份合适的工作（过去可能是几份工作，从中选一）。用自己的工资收入，他可以购买自己的汽车（过去可能是豪车），到国外旅游（过去可能是周游世界）以及购置自己的住房（过去可能是豪宅）。人们的基本生活需求，基本都能得到一定的保障，只是不能像八十年代"泡沫"经济时代过得那样奢侈和"潇洒"了。

此外，国际货币基金组织最近公布的统计数据也表明，日本的GDP总量在最近十年里基本维持在每年四万亿美元以上的水平（中国在2008年达到该水平），2011年还上升到了接近六万亿美元的历史最高纪录。这些数据也可以说明，日本的经济至少没有出现衰落的现象，而是保持了原来拥有的实力。

当然，如果从各国的GDP总量占全世界GDP总量的比重来看的话，日本的GDP比重从1994年的最高值18.1%下降到了2011年的8.4%。从这个意义上也许可以说，日本的经济已经"衰落"了。但是，依此类推的话，美国的GDP比重也从2001年的最高值32.0%下跌到了2011年的21.5%，于是我们也应该说，美国的经济也已经"衰落"了。显然，不会有很多人能接受这种说法。

如果上述的议论是有道理的话，断言"日本经济在迅速衰落"显然是错误的。那么，为什么在那么一篇脍炙人口的议论中国问题的文章中，会出现这样的偏误呢？我觉得，作者并不了解日本的情况。究其原因的话，在八十五年前中国国民党元老戴季陶写的《日本论》中，也许可以找到一部分线索。

他曾写道，"'中国'这个题目，日本人也不晓得放在解剖台上解剖了几千百次，装在试验管里化验了几千百次。我们中国人却只是一味的排斥反对，再不肯做研究工夫，几乎连日本字都不愿意看，日本话都不愿意听，日本人都不愿意见，这真叫做'思想上闭关自守'、'智识上的义和团'了。"

（2）中日美的经济规模变化（基于2013年7月19日博客）

今年4月，国际货币基金组织（IMF）公布了最新的世界各国经济数据。根据这些数据，我们可以较精确地知道最近二十年来中国、美国、日本这世界前三位经济大国的经济规模变化的情况，从而对这三个国家的经济实力有一个较客观的认识。

从上世纪九十年代初以来，中国的经济规模一直在扩大增加，其占世界经济规模的比重也在逐步上升。美国的经济规模曾长期保持过增长的趋势，但在2008年的金融危机后出现了大幅度下滑。日本的经济虽然处于长期性的波动之中，但基本维持在一定的规模水平之上。

根据国际货币基金组织的数据，中美日三国国内产值（GDP）总量及其占世界GDP总和比重发生了明显的变化。在上世纪九十年代初，中国的GDP总量只有3900亿美元，占世界总和的比重约1.8%，仅为当时美国和日本的6.7%和12.6%。如果再折算成人均GDP总量的话，上述比率将更加小了。

九十年代初开始的改革开放的加速，使中国经济进入了持续高速增长的阶段。2010年，中国的GDP总量增加到59300亿美元，终于超过了日本的规模（54950亿美元），成为世界第二大经济实体。2011年中国GDP总量为73220亿美元，占世界总和的比重上升为10.4%。同年美国和日本的GDP总量各占世界总和21.5%和8.4%。这三个经济大国的GDP比重之和已超过了40%。

美国的经济规模，从九十年代初以来，曾长期处于增长之中。2008年，起源于美国的世界金融危机对美国经济产生了巨大的负面影响。2009年美国的GDP总量比前年减少了3180亿美元，几乎相当于九十年代初的中国经济的规模。美国经济规模占世界总和的比重曾在2001年达到最高值的32.0%。在发生过"9.11事件"的2001年之后，美国经济规模的比重开始持续下降。

九十年代初，日本在八十年代后期形成的"泡沫经济"开始破裂，经济规模出现了较大的上下波动。经济波动的周期为五年左右，GDP总量的平均水平为4万亿美元。换句话说，日本的经济规模基本维持在4万亿美元这一水平上，既没有出现大规模的增长，也没有发生迅速的衰落。

根据近来中美日三国经济规模的变化趋势，我们不难可以推测，在今后的二十年里，中国的GDP占世界的比重还会进一步扩大，而美国和日本的GDP比重很可能继续减少。但是，至于美国和日本的GDP总量是增加还是减少，将主要取决于这两个国家的经济政策的成功和失败。

最后还值得一提的是，本文只是用GDP的总量和比重比较了中美日三国经济规模的变化。显然，经济规模的大小并不能直接代表人民收入水平和生活质量的高低。要比较后两者的高低，必须还要考察分析人均GDP、人均所得以及能够反映人民生活环境质量高低的各种社会经济的指标。

(3) 中日美的现代三国关系（基于2013年7月26日博客）

进入二十一世纪以来，中国的经济规模不断扩大，美国虽有波动但依然递增，日本则大致持平却未衰落。这三个国家现已构成世界最大的三个经济实体，GDP总量之和占世界总和的比重超过了百分之四十。中美日，至少在东亚和西太平洋地区已呈三足鼎立之势，抑或已成为当今世界的"三国"。

诚然，现代的世界已不同于一千七百多年前的中国的三国时代。欧盟的形成、除中国以外的金砖国家的崛起以及其他国家地区的发展，都给全球的政治经济带来了巨大的影响。但是，即便如此，中美日的巨大经济规模及其在政治和经济上的错综复杂的相互合作与对立，已形成现代"三国"的势态。

首先，从三国之间的合作方面来看，中美之间的国际贸易和经济交流日益加深，经济合作已发展到了"你中有我"和"我中有你"的阶段。这种表述，同样也适合于中日和日美之间。换句话说，中美日三国之间的经济合作关系已非常密切。其中两国关系的变化，不仅会影响当事两国，而且还会对第三国产生巨大的作用。

如果说上述三国之间的经济合作关系是相似对称的话，那么中美日之间的政治合作关系却是极其不对称的了。一般来说，日美两国之间签订过安全保障条约，两国在政治和军事上属于盟国关系。因此，日美之间的政治合作关系远远超过中美和中日之间的政治关系。中日之间曾在上世纪七十年代末签署过和平友好条约，用法律方式总结了两国过去的关系，指出了今后的发展方向。但是，和平友好条约意味的关系程度是无法与安全保障条约相比的。

其次，从对立的方面来看，三国之间均存在着各种各样的矛盾和问题。在经济方面，中美之间的贸易摩擦已取代了过去日美之间的贸易摩擦，成为三国间最大的经济矛盾之一。中日之间的经济矛盾，主要表现在经济交流极其容易受政治关系的影响方面。至于日美之间的经济矛盾，目前好像已没有太引人注目的内容了。

在政治方面，中日之间关于某岛屿主权所属的争端，已成为三国之间最瞩目最严重的矛盾。其影响目前已波及到两国间的经济及文化交流的领域。中国来日本的旅游人数大为减少，日本企业的在华投资也深受影响。对中日间的争端，作为第三国的美国，不愿被卷入到其中去，但好像也不希望争端超出和平的范围。

中美之间政治方面的矛盾，主要反映在意识形态和社会制度方面。由于这些方面的严重分歧，美国国内始终有相当多的人把中国经济的崛起看作是一种威胁。美国坚持在日本的冲绳基地保持一定的军事力量，主张与除中国以外的环太平洋国家建立泛太平洋战略经济伙伴关系（TPP），亦与这种看法密切相关。

美国在日本冲绳保持的军事基地，则是日美政治关系中的主要矛盾之一。冲绳的日本国民要求尽快撤除美军基地，但日本政府希望美军继续留那里，以维持日美安全保障条约。近年来，中日间关于岛屿主权的对立以及朝鲜开发核武器活动的升级，使赞成日本政府上述政策的日本人数有所增加。

由此可见，中美日之间错综复杂的合作与对立的关系，使中美日已形成现代"三国"的势态。但是，值得庆幸的是，目前的中美日之间还没有出现一千七百多年前的那种军事对峙乃至互相残杀的状态。当今世界上爱好和平的人们都会希望，未来的中美日之间也不会出现过去三国时代的那种状态。

(4) 中日美如何三国演义？ （基于2013年8月2日博客）

如果说中国、美国和日本这三个国家已成为当今世界的"三国"的话，那么这"三国"今后将如何"演"下去一定是人们非常关心的问题。然而，要预测现代的"三国演义"会如何展开，了解一下中美日三国目前所处的历史发展阶段以及各自面临的主要问题，也许是非常有益的。

依我管见，中国正处在从发展中国家向发达国家发展的过程中，经济需要保持可持续性的增长，增长中出现的问题则必须及时得到合理的解决。美国是目前世界上唯一的"超级大国"，其地位也受到了来自各方面的挑战。日本已完成了经济增长发展的阶段，其主要课题是如何顺利地向成熟的政治经济社会发展和过渡。

关于中国目前所处的历史发展阶段，正如许多媒体所报道和评论的，中国正处于一个发展振兴的时代。中国人民经过一个半多世纪的摸索和奋斗，终于找到了实现经济高速增长的道路。不久前，中国的经济规模已名列世界第二，人均收入也进入世界中等收入国家的行列。

然而，中国的人均收入水平与发达国家相比还有很大的一段距离。中国要尽快成为发达国家，还需要长期保持经济的高速增长。要实现这种增长，显然需要进一步地深化和展开改革开放。同时，随着经济的高速增长，环境污染等社会问题正在日趋严重。要及时合理地解决这些问题，则需要大胆地思考和实行社会制度的变革。

上世纪九十年代初，冷战结束，苏联解体，美国成为世界上唯一的"超级大国"。美国之所以能在持续了近半个世纪的冷战中取胜，是因为拥有完善的市场经济体制和三权分立的政治制度。凭借这些制度上的优势，美国在九十年代率先发展以信息技术为代表的新型经济，引领了世界科学技术和现代经济的发展。

当然，美国对这些制度优势的（过度）推崇，也带来了各种各样的问题。2011年发生在纽约的"占领华尔街"游行，与经济全球化和市场经济化所带来的经济差距的恶化不无密切的关系。九十年代以来，美国与阿拉伯伊斯兰国家之间发生的冲突和战争，从某种意义上也反映了推广普及美国式政治社会制度及其思维理念的困难。此外，中、俄、印、巴（西）等金砖国家的经济发展和政治自主，也使美国的"超级大国"地位受到了挑战。

如果说中国目前正处于发展的阶段和美国已处于成熟的阶段的话，日本则可以说正处于从发展向成熟过渡的阶段。二次世界大战之后，日本在明治维新后积累起来的教育普及和经济发展的基础上，在亚洲率先实现经济高速增长，并很快成为世界第二经济大国。上世纪八十年代后期，日本经济经历了"泡沫"的破裂而进入长期的不景气时代。

在此长期不景气的过程中，日本尝试了各种各样的经济和政治的改革，试图把日本社会推向成熟阶段。比如，在九十年代，日本政府大力推行金融自由化政策，放松对企业活动的各种制度制约，改革中央政府与地方政府的关系。日本国会也进行过政治改革，把中型选区制改为小型选区制，在制度上保证了政党交替的可能。总的来说，这些改革措施促进了日本的政治经济制度向成熟完善的发展。

综上所述，中美日三国各自正处于不同的历史发展阶段，各自面临的问题和矛盾也大不相同。同时，中美日三国之间还存在着错综复杂的合作和对立的双边关系。在这种情况下，今后中美日之间如何"三国演义"，也将是谁也难以预料的。

（5）说日本失去 20 年不对？（基于 2013 年 9 月 6 日博客）

8 月 11 日，经常发表世界五百强企业排名结果的经济杂志《福布斯（Forbes）》刊登了前编辑 Eamonn Fingleton 的一篇引起反响的文章，题目为"日本失去了 20 年的说法是个大骗局（The Story of Japan's 'Lost Decades' Was Just One Big Hoax）"。在中国国内网上好像没有看到有关报道，故此作一简单介绍。

在这篇文章里，Fingleton 为了佐证自己的论点，还引用了美国经济学家 William Cline 在最近一期国际经济杂志上发表的一篇题为"日本的幻觉：失去 20 年的说法是一个神话"的文章，并指出 2008 年诺贝尔经济学奖得主 Paul Krugman（克鲁格曼）也持有相同的见解，即认为关于日本经济低调的看法缺乏经济学的根据。

Cline 的文章指出，在过去的 20 年中，美国的劳动力增加了 23%，而日本的增长率只有 0.6%，所谓日本失去了 20 年的看法仅仅是基于人口学的幻想。如果从劳动力人均生产率来看，日本经济实力应该说有了相当大的增长。事实上，同期日本经济的增长率还超过了被认为是当代经济成功代表的德国。

Cline 还认为，被视为日本经济的重大问题的通货紧缩其实也不值得一提。过去的 20 年中，日本经济在物价下跌之时的情况要好于物价上涨之时。美国人通常把日本平稳的通货紧缩与 1930 年代初期发生在美国的毁灭性通货紧缩相提并论，然而这是错误的。日本现在的通货紧缩，事实上与 1880-1900 年间美国的"良性通货紧缩"差不多。那时的美国，劳动生产率的急速上升带来了消费者物价的持续下降以及经济的奇迹般的增长。

在引用了 Cline 的观点之后，Fingleton 补充道，在过去的 20 年里，发达国家中只有日本和德国增加了贸易黑字，美英法意各国均在近年出现了贸易赤字。如果再考虑这段时间里日元相对于美元的汇率上升了约 49% 的事实的话，更可以想象得出日本在贸易方面的成功是多么的显著。

至于日本政府的财政负债，Fingleton 认为，其大部分用于购买包

202

括美国在内的外国国债。因此，日本的储蓄者支撑着美国等财政赤字国家，日本的政府只不过充当了银行的角色。所以，真正欠债的国家不是日本，而是美国。这一看法基于日本政府设定着极低的利息率这一事实。如果日本的财政有较高风险的话，投资者会要求与其相当高水平的利息率的。

Fingleton还认为，日本经济失去了20年的说法显然与东京股市的低调密切相关。的确，东京股价一直没有恢复1989年创下的最高水平。但是，现在的东京股价并没有反映日本企业的经营状况。事实上，大多数的日本企业，即使在日元不断升值的情况下，继续扩大了收益和维护了就业。

丰田汽车在2011年度的销售总额为2595亿美元，是1989年的三倍。日产汽车的销售额是1190亿美元，也为1989年的三倍。从这点来看，过去东京股市的崩溃并没有带来日本实体经济的衰退。那时的东京股价只反映了人们对日本经济的过大评价。对这种过大评价的修正，并不意味着对实体经济的削弱。

关于日本失去了20年的说法的由来，Fingleton暗示，有可能与日本政府的策略和日本企业家居安思危的姿态有关。日本政府高官意识到，日本经济衰退的说法有利于缓和美国政府对日本市场封闭的追究。以前，宫泽喜一财政大臣曾毫无根据地说"日本经济已接近崩溃的状态"。索尼的总裁也曾发出同样的警告。然而，当时索尼的利润却比1989年增加了131%。

最后，Fingleton还意味深长地指出，关于日本失去了20年的说法，曾帮了中国的大忙。据此说法，由于中国模仿了许多日本的经济模式，如果中国经济不采用美国式的自由市场经济的话，显然会与日本经济一样头撞南墙而失去几个十年的。有了这个说法，在九十年代末中国申请加入WTO时，中国实质上没有受到美国要求开放市场的压力。

23 中日名人及其名言

(1) 稻盛说：领导要先有德（基于2014年9月12日博客）

稻盛和夫是日本现代著名的企业家，他写作的关于人生及经营哲理的著作《生活之道》（日语为IKIKATA）在中国被译为《活法》出版发行，据说已经畅销了一百多万册，其名声在中国企业家中可能已不小于日本企业家之神松下幸之助了。

在这本书的第三章中，稻盛写了这样一段令当今中国人深思的话：做领导的，德比才更重要。按照现在中国人的观念，企业以及政府部门的领导一般都是首先根据其才能及业绩被提拔到领导岗位上的。即便说"德"很重要，"德才兼备"才是做领导必备的条件。

然而，稻盛和夫如此强调"德"于之领导者的重要，是他总结了几十年人生和企业管理的经历所得出的结论。稻盛在上世纪五十年代末创立了日本著名的高科技企业KYOCERA，八十年代成立了日本第二电信电话（即现在的KDDI）公司，打破了当时的国有电信电话公司的垄断局面。2010年，他出任日本航空公司（JAL）的CEO，仅用了一年多的时间就使该公司转亏为盈并重新上市。

根据这些丰富的经历，稻盛写作了《生活之道》等一系列著作。他归纳出来的许多人生及企业管理的哲理，在中国的企业家中也引起了巨大的反响和共鸣。比如，他总结的"利他之心乃经营之本"的观点，使众多中国民营企业家改变了他们以往的经营姿态。有些人取消了过去一味严格管理企业员工和追求生产效率的做法，采纳了经常为员工祝贺生日，上班时让管理人员夹道欢迎员工等经营方式。

关于领导首先要有"德"这一思想，稻盛列举了战后在日本企业家以及政治家中发生的营私舞弊的现象，指出其背景是经济增长至上主义。在此背景之下，人们在选拔领导及干部时，往往只看重候选人的才能及其业绩，而不注意其人格及道德的水平。这些"多才少德"的人虽然能取得一些短期性的成果，但是从长远的观点来看，道德上的缺陷会使他们利令智昏乃至身败名裂，同时还会带来"上梁不正下梁歪"，或者是"官德毁而民德降"的恶果。

在上述书籍中，稻盛和夫还引用了中国明代思想家吕坤在其著作《呻吟语》中写的一段话来强调人格及道德的重要。这段话是，"深沉厚重，是第一等资质；磊落豪雄，是第二等资质；聪明才辩，是第三等资质。"他认为，这三种做人的基本素质可以分别解释为人格、勇气和能力。作为"人上之人"的领导者，首先需要具备的便是人格，其次为勇气，第三才是才能。

事实上，关于"德"与"才"的关系，宋代司马光在《资治通鉴》中写得更加明确。他写道，"才德全尽谓之圣人，才德兼亡谓之愚人，德胜才谓之君子，才胜德谓之小人。凡取人之术，苟不得圣人，君子而与之，与其得小人，不若得愚人。何则？君子挟才以为善，小人挟才以为恶。（中略）自古昔以来，国之乱臣，家之败子，才有余而德不足"。

(2) 宇泽论：汽车的社会成本（基于2014年9月26日博客）

前些天得一机会去杭州的Z大学参加学术交流，再次感受到了国内大城市汽车交通的发展及其带来的严重的社会问题。据说杭州现在也开始实行根据车牌号码限制汽车进入市区及风景区的做法了。可是尽管如此，市内依然车轮滚滚，堵塞严重，同时尾气泛滥，行人蹙眉。

从国内回来的途中，便在想如何呼吁重视这些汽车交通引起的社会问题。今天从日本各报上看到日本现代经济学泰斗宇泽弘文（H. Uzawa）不久前因病去世的消息，即想起他在上世纪七十年代初写作的题为《汽车的社会成本》一书。借用这一书名来说的话，目前的中国已经到了认真考虑和解决汽车交通所带来的巨大社会成本问题的时候了！

宇泽弘文是世界著名的经济学家之一。他曾在上世纪六十年代构建了著名的Uzawa两部门经济增长模型，为当时刚建立起来的索罗（Solow）经济增长理论（单部门）的发展作出了重要的贡献。他多次被提名为诺贝尔经济学奖的候选人，是日本数理经济学的第一人。

205

宇泽从七十年代开始对经济增长带来的交通问题、社会纷争和环境污染等社会问题进行了深入系统的研究。他在1974年出版的《汽车的社会成本》一书是其重要的代表作之一。该书自出版以来就成为日本国内的畅销书，至今已再版了三十多次，成为研究分析由汽车交通的发展引起的社会问题的经典文献之一。

宇泽在该书中概括了汽车交通在美国特别是在日本的普及，罗列了其所带来的诸如交通事故的增加、大气污染的恶化以及公共交通的衰退等社会问题，并指出这些问题是对市民拥有的健康和安全权益的严重侵害。他运用现代经济学的概念，把这些问题表述为汽车的社会成本，从而对有效解决这些问题提供了经济学的基本思路。

根据现代经济学的思想，任何活动只有在其产生的收入超过成本时才能创造利益或效益，才有价值及意义去实施和发展。汽车产业的发展及汽车交通的普及，固然可以给有关产业、企业以及消费者个人带来巨大的收入及方便，但也同时会产生诸如交通事故、拥挤堵塞及环境污染等社会成本。汽车产业和汽车交通，应在其所带来的收入及方便大于其社会成本的前提下，得以健康的发展和普及。

此外，根据现代经济学的思路，成本应由产生成本的当事者负责和承担。因此，生产制造汽车的企业以及使用汽车的消费者，必须负责和承担因汽车产业和汽车交通的发展和普及所造成的社会成本。比如，对汽车制造企业，应征收有关保护环境的税费。对进入市区引起交通堵塞的车辆，征收交通拥挤税，等等。

最后值得一提的是，宇泽弘文还进一步充实展开了汽车的社会成本等概念，提出了社会共同资本（social common capital）这一理念，指出自然资源、社会基础设施和社会制度都属于社会共同资本，他认为，如何发展、保护和利用这些社会共同资本非常重要，其中，社会成本的概念具有关键性的作用。

(3) 巴金写"孔老二罪恶的一生"（基于2014年10月24日博客）

今年的9月28日，据说是孔子诞生2565周年。就在那段时间里，国内微信网上传来了一个帖子：经典连环画《孔老二罪恶的一生》（彩色版）。据帖子上的介绍，该连环画的文章，是已故中国著名作家巴金在1974年的"批林批孔"运动中用笔名"萧甘"写作发表的。

显然，从现在的观点来看，巴金写作的这篇文章纯属中国"文化大革命"时代的产物，已没有什么学术以及现实的意义了。这里提起巴金写作该文的旧事，绝无批评指责这位著名作家的意思，而只是想感叹一下中国广大知识分子在"文革"期间的悲哀遭遇，同时也想对国内目前流行的"国学热"提出一些质疑。

其实，关于巴金在"文革"期间曾写过一些违背自己意志的文章的事，他本人在"文革"结束后写作出版的著名的《随想录》一书中进行过深刻的反思和忏悔。比如，在该书的《遵命文学》一文中，巴金坦率地介绍了自己在1965年曾按照上海市宣传部部长张春桥的意思，写作了批判剧本《不夜城》的文章刊登在上海的《文汇报》上。该剧本不久后被定为"大毒草"。

更为深刻的是，巴金在《随想录》中还反思了他在"文革"时期曾有过的"奴在心者"的心态。如在《十年一梦》一文中，巴金写道，在"文革"初期他被打倒后，他曾"真心表示自己愿意让人彻底打倒，以便从头做起，重新做人"。他自责自己，当时已失去了知识分子独立思考的自觉和能力，无意中成了当时政治和权势的"精神奴隶"。

根据他在"文革"期间的惨痛遭遇，巴金在《随想录》中发出了建立"文革"博物馆的呼吁。他在《"文革"博物馆》一文中写道，"要产生第二次'文革'，并不是没有土壤，没有气候……因为，靠'文革'获利的大有人在……"。最后，他呐喊道，"只有牢牢记住'文革'的人，才能制止历史的重演，阻止'文革'的再来。"

在巴金写作《孔老二罪恶的一生》的"文革"时代，孔子及其儒家的思想被批判得一无是处，显然是不正常的现象。在"文革"的影响下，中国大陆在很长的一段时间里没有宣传和提倡儒家主张的"仁、义、礼、智、信、恕、忠、孝、悌"的思想，以致于在市场经济得以普及的现在，出现了严重的道德缺失和诚信匮乏的现象。

207

为了改变这种现象，目前中国大陆又开始重视和提倡孔子和儒家的思想，出现了介绍和宣传以儒家思想为中心的中国传统思想文化的"国学热"。国内的各种书店里摆满了读解《四书》《五经》的书籍，电视和网络上出现了不少热心讲解中国传统思想文化的"国学大师"。

然而，在这种"国学热"的潮流中，却好像很少听到中肯地批判孔子及其儒家思想的声音了。众所周知，两千多年来，孔子及其儒家思想一直是历代封建王朝的正统思想。这一正统思想及其相适应的社会制度，曾经在一百五十多年前的清朝末期带来了中国社会的严重衰退和落后。对此，现代的"国学大师"们应该给出一个有道理的说法。

事实上，早在九十多年前的"五四"运动中，中国的知识分子和青年学生就喊出过"打倒孔家店"的口号。他们主张推行新文化运动，呼唤"德先生"（民主）和"赛先生"（科学）进入中国社会，以科学和民主的精神建设富强的国家。在中国经历了九十多年的风风雨雨后的现在来看，"孔家店"不应该也不可能被完全打倒了，但是同时，"孔先生"似乎也是不可能完全取代"德先生"和"赛先生"的了。

(4) 日企之父：一手算盘一手论语（基于2014年11月28日博客）

近年来，中国的经济实力在不断增强，然而道德诚信却严重滑坡。于是，国内重新开始重视中国传统的仁义道德，出现了宣传读解儒家等思想精神的"国学热"。人们不约而同地在思考的问题是，经济发展与道德诚信能否两立共存？对此，日本现代企业之父涉泽荣一所著述的《论语与算盘》一书，值得参考借鉴。

涉泽荣一是日本明治时代的著名企业家，一生中创建或参与创建的企业达四百七十家之多。其中包括许多现在也十分知名的日企，如瑞穗银行、王子造纸、东京海上火灾保险、日本邮船、东京电力、东京瓦斯、帝国饭店、札幌啤酒、日本铁道（JR）、东洋纺织、东京证券交易所等等。故涉泽被称为"日本企业之父"。

涉泽荣一创建了这么多的企业，显然与企业可以带来巨大的经济利益有关。然而，他并没有完全沉没在追求经济利益之中。他毕生的经营理念则是，不求私利谋公益。与他同时代的日本著名企业家们纷纷在身后留下了诸如"三菱""三井""住友"等私家财团。但是，涉泽则没有成立类似机构。

他谋求公益的理念主要表现在热心参与社会慈善和普及教育的活动上。他长期担任东京养育院的院长，参与建立日本红十字会和圣路加国际医院等医疗福利团体。在他的参与下成立的教育机构有，商法讲习所（即现在的一桥大学）、早稻田大学、同志社大学、日本女子大学等。

根据自己的理念及其实践，涉泽荣一在1916年出版了《论语与算盘》一书，提出了"道德与经济合一"的思想。他认为，为了追求物质的富裕，人们必须抱有宏大的欲望和气概从事经济活动。物质富裕的根源在于仁义道德。没有道德的物质富裕，是不可能永久持续的。

例如，在该书的第四章"仁义与富贵"中，涉泽写道，早在一千多年前的宋朝，中国学者偏重主张不符合现实的道德理论，否定追求经济利益。其结果使国家丧失元气，生产力下降，最终被蒙古人所灭。因此，虽说仁义道德有利于社会，但是，不立足于现实的话，反而会导致国家的灭亡。

接着，涉泽荣一又写道，这样说并不意味着，重视经济就可以不顾他人的利益了。宋朝之后的元朝以及现在的中国（即清末民初）就有这样的倾向。人们只考虑自己的利益，不顾及国家，结果是国家失去了权威和职能，最终个人也遭殃。因此，追求经济利益与重视仁义道德，两者要平衡并立，这样才能实现国家的健康发展以及个人的发家致富。

涉泽荣一的《论语与算盘》一书由十章构成。除了上述第四章外，其他九章的标题分别是，处世与信条、立志与学问、常识与习惯、理想与迷信、人格与修养、算盘与权利、实业与士道、教育与情谊、成败与命运。该书好像已有好几个中文翻译版在国内出版了。但翻译得似不够准确，建议直接阅读原著为佳。

(5) 高仓健：为了得到您的表扬（基于2015年1月9日博客）

去年11月10日，日本著名影星高仓健因病去世。他主演的电影《追捕》在上世纪七十年代后期传入刚结束文化大革命十年浩劫的中国大陆，给所有的中国观众都留下了深刻的印象。现在看来，这部电影给当时的中国传播了日本经济现代化的画面，同时也展示了日本法治社会的面貌。当时看过这部电影的中老年人，现在刚看到一些中国经济的现代化，却陆续开始离开了人间。看过这部电影的少男少女，现在都已人到中年，却愈加痛感到了法制的极其重要。

关于《追捕》，我在八十年代中期来日本留学后才知道，其日语原名可直译为"君涉怒河"，拍摄于1976年。影片在日本似乎并不十分走红。来日本的三四年后才在电视上看到过一次，却看到了一些在中国上映时被剪掉的片段。提起高仓健，日本的男女老少都知道他的名字，有时在电视上也可以看到他做的很酷的广告。但是，《追捕》并不是他最有代表性的主演作品。

随着在日本生活时间的推移，在电视上看到高仓健主演电影的机会逐渐增多。除了在中国大陆已上映过的《幸福的黄手帕》和《远山的呼唤》等之外，还看过他主演的《八甲田山》、《冬之花》、《野性的证明》、《动乱》、《车站》、《南极物语》、《居酒屋兆治》、《夜叉》、《忠臣藏：四十七刺客》、《铁道员》，《萤火虫》和《致亲爱的你》等。

其中，《八甲田山》讲述的是明治时代日本陆军在青森八甲田山严冬拉练中遭遇暴风雪的故事。高仓健在其中扮演中队长的角色。他为了专心投入拍摄，辞去了其他所有演出节目，手脚也被冻伤。《冬之花》中，高仓健则扮演一黑社会头目的角色。他杀死了另一个头目而入狱十五年，其间及被释放后却一直挂念和照顾被他所杀头目的遗孤。高仓健出色地塑造了一个既冷酷又仁义的人物。

还值得一提的是影片《动乱》，主要讲的是在1936年实际发生在东京的"二二六"军事政变。高仓健在其中扮演指挥政变的军官，著名女影星吉永小百合扮演其妻。影片最后是该军官在政变失败后被枪决时依然怒目直视枪口的镜头。记得八十年代后期在中国出版的《青

210

年一代》杂志上读到一女青年写的关于要"寻找高仓健"的文章，其中就提到过这个使她极为感动的镜头。

其实，上面提到的这些电影，只是高仓健在七十年代后期以来拍摄的作品。据统计，他毕生参加拍摄的电影共有两百零五部，大部分集中在六十年代和七十年代前期，而且以武侠和黑社会的题材为多。在这些电影中，高仓健经常在冰天雪地里挥舞着日本刀冲入敌对势力或黑社会的人群中以一当十奋勇拼杀，有时则寡不敌众而流血负伤。

据说，高仓健的母亲在世时看到这些惊心动魄的镜头后曾对他说，真可怜啊，你不会找一个好点儿的角色来演的嘛！对此，高仓健在1993年出版的随笔录《为了得到您的表扬》（集英社文库）一书中写道，"妈妈，我是为了得到您的表扬这样做的啊！仅仅为了您的表扬，我背上画了纹身，浑身沾满血迹，上矿山下雪海，还去过北极南极、阿拉斯加和非洲，三十多年跌打滚爬过来了！"

211

著者 **鄭小平**（ていしょうへい）
1962年中国浙江省杭州市生まれ。1983年上海華東師範大学地理学科卒業、翌年日本に留学。1990年筑波大学大学院社会工学研究科修了、学術博士号取得。㈱野村総合研究所地域事業コンサルティング部研究員。1993年筑波大学社会工学系講師、のち助教授。2004年より立命館大学経済学部教授。
主な著書に『地域政策の理論と実践』（大学教育出版、2001年）など。その他、日中経済に関する学術論文を英語・日本語・中国語で多数執筆。

郑小平，1962年生于浙江省杭州市，1983年从华东师范大学地理系毕业，翌年留学日本。1990年毕业于日本筑波大学研究生院社会工学研究科，获哲学博士学位。其后历任野村综合研究所研究员，筑波大学社会工学系讲师及副教授。2004年至今任立命馆大学经济学院教授。主要著作有日语专著《区域政策的理论和实践》（大学教育出版社，2001年），另已发表关于中日经济的英语，日语及中文学术论文数十篇。

中国語タイトル **比较中日的经济和社会** ～在日华人学者的观察与思考～

【中国語版】
日中経済・社会比較論―在日中国人学者による考察―

2019年12月31日　初版第1刷発行
著　者　鄭　小平（ていしょうへい）
発行者　段　景子
発売所　日本僑報社
　　　　〒171-0021 東京都豊島区西池袋3-17-15
　　　　TEL03-5956-2808　FAX03-5956-2809
　　　　info@duan.jp
　　　　http://jp.duan.jp
　　　　中国研究書店　http://duan.jp

Printed in Japan.　　　　　　　　　ISBN 978-4-86185-294-7 C0036

中国政治経済史論

胡鞍鋼……著　日中翻訳学院本書翻訳チーム……訳

鄧小平時代
18000円＋税　ISBN 978-4-86185-264-0

毛沢東時代
16000円＋税　ISBN 978-4-86185-221-3

新聞　毎日　東京朝刊 08/25（日）　読書｜読書　面関折▼

中国政治経済史論　鄧小平時代
胡鞍鋼著、日中翻訳学院本書翻訳チーム訳（日本僑報社・1万9440円）

鄧小平の改革開放が、現代中国の基礎をつくった。この世界史的な出来事を、中国経済の第一人者が豊富なデータを駆使して論じ切る。

著者は一九五三年生まれ。農村にやられて苦労し、独学で大学入試に合格。経済学を学んでアメリカに留学し、帰国後は清華大学で政策科学を講じている。本書は前著『毛沢東時代』に続く第二巻。清華大学での人気講義が元になっている。翻訳は約一〇年間の中国経済の軌跡を、党の文献や基本データを駆使して描き切っていること。次著に予定され

本書で印象的なのは、改革開放を決めた十一期三中全会から「八九年、判断を誤り事態を悪化させた」政治動乱（天安門事件のこと）に至る約一〇年間の中国経済の軌跡を、党の文献や基本データを駆使して描き切っていること。次著に予定され

る『江沢民時代』と三冊で、現代中国を理解するための必読文献だ。

本書は個々の指導者にも、踏み込んだコメントを加える。華国鋒は誠実で率直。趙紫陽は彼に及ばない。八六年の学生運動を前に、胡耀邦は政治的に未熟だった。趙紫陽は八九年、判断を誤り事態を悪化させた。

このように、敏感な問題も多いので、中国語版は書店では入手できない。図書館ぜひ日本書を揃えて、日本の読者に提供してもらいたい。（橋）

橋爪　大三郎　評

中国政治経済史論　毛沢東時代〈1949〜1976〉
胡鞍鋼著〈日本僑報社・1万7280円〉

データで明らかにする新中国の骨格

アメリカを抜く、世界最大の経済に迫る中国。その波乱の現代史を、指導者たちの密接不可分な関係を織り込んで描写する大作だ。ぶ厚い上巻は、毛沢東時代の部分が一冊。毛沢東時代の部分が二冊の前半、毛沢東時代の部分が二冊を回収出来た。

著者・胡鞍鋼教授は、中国指折りの経済学者。文化大革命に東北の農村で七年間の辛酸をなめ、入学が復活するや猛勉強で可能となり、とりわけ成長を後に中国を独歩でマスターし、認経済学を独歩でマスターし、認経学で米国に留学する。帰国後は清華大学のシンクタンク「国情研究中心」を発足し続けている。

中国政府の幹部に向けた政策レクチャーの内容。政治は文化大革命にからである。それを熟知する著者は、党や政府の幹部に向けた政策レ

ポートを書き続けるうち、政治との密接不可分な関係を検証する『歴史』研究こそ経済の大資死者は一千五百万人に達した。毛沢東時代が始まり、一九五八年の大躍進で、文化革命がういう原因で、文化革命がどういう原因

劉少奇や人民公社の食べ放題も輪劉少奇は人民公社を主催し、加する一方、年平均成長率は二・三

コストにした。大躍進の責任を追文化大革命の前半部が、大躍正しいルールに基づく機会が何度かあったのが空しかった。文化大

されど、経済を明らかにしない毛沢東が理と誇りを込めて、十五

（日中翻訳学院　本書翻訳チーム）

毎日新聞（2018年1月14日／2019年8月25日）に
橋爪大三郎氏書評を掲載　大反響!!

日本僑報社のおすすめ書籍

日中文化DNA解読
心理文化の深層構造の視点から
尚会鵬 著 谷中信一 訳
2600円+税
ISBN 978-4-86185-225-1

中国人と日本人の違いとは何なのか？文化の根本から理解する日中の違い。

日本語と中国語の落し穴
用例で身につく「日中同字異義語100」
久佐賀義光 著 王達 監修
1900円+税
ISBN 978-4-86185-177-3

中国語学習者だけでなく一般の方にも漢字への理解が深まり話題も豊富に。

日本の「仕事の鬼」と中国の〈酒鬼〉
漢字を介してみる日本と中国の文化
冨田昌宏 編著
1800円+税
ISBN 978-4-86185-165-0

ビジネスで、旅行で、宴会で、中国人もあっと言わせる漢字文化の知識を集中講義！

中国漢字を読み解く
～簡体字・ピンインもらくらく～
前田晃 著
1800円+税
ISBN 978-4-86185-146-9

中国語初心者にとって頭の痛い簡体字をコンパクトにまとめた画期的な「ガイドブック」。

中国コンテンツ産業対外貿易の研究
劉建華 著 大島義和 訳
4800円+税
ISBN 978-4-86185-258-9

中国はコンテンツ貿易をいかにして発展させるのか？世界と共に歩む「貿易戦略」の道を徹底解析。

新しい経済戦略を知るキーポイント
中国の新常態
ニューノーマル
李摂、張暁晶 著
河村知子、西岡一人 訳
3300円+税
ISBN 978-4-86185-247-3

中国経済政策の転換点と長期安定成長のビジョンを読み解く一冊。

時価総額アジア1位
テンセント帝国を築いた男 馬化騰
Lin Jun、Zhang YuZhou 著
高橋豪、ダンエディ 訳
1600円+税
ISBN 978-4-86185-261-9

世界最大級のSNSを運営し中国経済をリードするテンセントの秘密とは？

任正非の競争のセオリー
―ファーウェイ成功の秘密―
Zhang Yu、Jeffrey Yao 著
日中翻訳学院 訳
1600円+税
ISBN 978-4-86185-246-6

奇跡的な成長を遂げ世界が注目するファーウェイ。その誕生と発展の秘密を創業者の半生から探る。

シェア経済・キャッシュレス社会・コンテンツ産業の拡大……
いま中国の真実は
三潴正道 監訳 而立会 訳
1900円+税
ISBN 978-4-86185-260-2

「必読！いま中国が面白い」最新の中国事情がわかる人気シリーズ第12弾！

日本人論説委員が見つめ続けた
激動中国
中国人記者には書けない「14億人への提言」
加藤直人 著 〈日中対訳版〉
1900円+税
ISBN 978-4-86185-234-3

中国特派員として活躍した著者が現地から発信、政治から社会問題まで鋭く迫る！

日本僑報社のおすすめ書籍

第15回 中国人の日本語作文
コンクール受賞作文集
**東京2020大会に、
かなえたい私の夢!**
—日本人に伝えたい
中国の若者たちの生の声
段躍中 編著
2000円＋税
ISBN 978-4-86185-292-3

毎年12月刊行！

第2回 忘れられない中国滞在
エピソード 受賞作品集
中国で叶えた幸せ
鈴木憲和、乗上美沙 他 共著
2500円＋税
ISBN 978-4-86185-286-2
日本人のリアル中国滞在
模様を届ける新シリーズ。

毎年12月刊行！

**忘れられない中国留学
エピソード** 日中対訳
难忘的中国留学故事
近藤昭一、西田実仁 他 共著
2600円＋税
ISBN 978-4-86185-243-5
入賞作を含め計48本を
収録。日本人のリアル中
国留学模様を届ける！

日中語学対照研究シリーズ
中日対照言語学概論
—その発想と表現—
高橋弥守彦 著
3600円＋税
ISBN 978-4-86185-240-4

中日両言語の違いを知り、
互いに理解するための一
助となる言語学概論。

中国工業化の歴史
—化学の視点から—
峰毅 著
3600円＋税
ISBN 978-4-86185-250-3

中国近代工業の発展を、
日本との関係を踏まえて
化学工業の視点から解き
明かした歴史書。

屠呦呦 中国初の女性
ノーベル賞受賞科学者
『屠呦呦伝』編集委員会 著
町田晶 監訳　西岡一人 訳
1800円＋税
ISBN 978-4-86185-218-3

画期的なマラリア新薬を
生み出し、人類をその死
に至る病から救った女性
研究者の物語。

李徳全
——日中国交正常化の「黄金の
クサビ」を打ち込んだ中国人女性
程麻・林振江 著
林光江・古市雅子 訳
1800円＋税
ISBN 978-4-86185-242-8
戦犯とされた日本人を無
事帰国。日中国交正常化
18年前の知られざる秘話。

病院で困らないための日中英対訳
医学実用辞典
松本洋子 著
2500円＋税
ISBN 978-4-86185-153-7

海外留学・出張時に安心、
医療従事者必携！指さし
会話集＆医学用語辞典。

日中中日翻訳必携・実戦編III
**美しい中国語の手紙の
書き方・訳し方**
ロサンゼルス総領事 千葉明 著
1900円＋税
ISBN 978-4-86185-249-7

日中翻訳学院の名物講師
武吉先生が推薦する「実
戦編」の第三弾！

日中中日翻訳必携・実戦編IV
こなれた訳文に仕上げるコツ
武吉次朗 著
1800円＋税
ISBN 978-4-86185-259-6

「実戦編」の第四弾！「解
説編」「例文編」「体験談」
の三項目に分かれ「武吉
塾」の授業内容を凝縮。

学術研究 お薦めの書籍

(税別)

- **●中国の人口変動——人口経済学の視点から**
  第1回華人学術賞受賞　千葉大学経済学博士学位論文　李仲生著　6800円
  978-4-931490-29-1

- **●現代日本語における否定文の研究**——中国語との対照比較を視野に入れて
  第2回華人学術賞受賞　大東文化大学文学博士学位論文　王学群著　8000円
  978-4-931490-54-3

- **●日本華僑華人社会の変遷**（第二版）
  第2回華人学術賞受賞　厦門大学博士学位論文　朱慧玲著　8800円＋税
  978-4-86185-162-9

- **●近代中国における物理学者集団の形成**
  第3回華人学術賞受賞　東京工業大学博士学位論文　清華大学助教授楊艦著　14800円
  978-4-931490-56-7

- **●日本流通企業の戦略的革新**——創造的企業進化のメカニズム
  第3回華人学術賞受賞　中央大学総合政策博士学位論文　陳海権著　9500円
  978-4-931490-80-2

- **●近代の闇を拓いた日中文学**——有島武郎と魯迅を視座として
  第4回華人学術賞受賞　大東文化大学文学博士学位論文　康鴻音著　8800円
  978-4-86185-019-6

- **●大川周明と近代中国**——日中関係のあり方をめぐる認識と行動
  第5回華人学術賞受賞　名古屋大学法学博士学位論文　呉懐中著　6800円
  978-4-86185-060-8

- **●早期毛沢東の教育思想と実践**——その形成過程を中心に
  第6回華人学術賞受賞　お茶の水大学博士学位論文　鄭萍著　7800円
  978-4-86185-076-9

- **●現代中国の人口移動とジェンダー**——農村出稼ぎ女性に関する実証研究
  第7回華人学術賞受賞　城西国際大学博士学位論文　陸小媛著　5800円
  978-4-86185-088-2

- **●中国の財政調整制度の新展開**——「調和の取れた社会」に向けて
  第8回華人学術賞受賞　慶應義塾大学博士学位論文　徐一睿著　7800円
  978-4-86185-097-4

- **●現代中国農村の高齢者と福祉**——山東省日照市の農村調査を中心として
  第9回華人学術賞受賞　神戸大学博士学位論文　劉燦著　8800円
  978-4-86185-099-8

- **●中国における医療保障制度の改革と再構築**
  第11回華人学術賞受賞　中央大学総合政策博士学位論文　羅小娟著　6800円
  978-4-86185-108-7

- **●中国農村における包括的医療保障体系の構築**
  第12回華人学術賞受賞　大阪経済大学博士学位論文　王崢著　6800円
  978-4-86185-127-8

- **●日本における新聞連載 子ども漫画の戦前史**
  第14回華人学術賞受賞　同志社大学博士学位論文　徐園著　7000円
  978-4-86185-126-1

- **●中国都市部における中年期男女の夫婦関係に関する質的研究**
  第15回華人学術賞受賞　お茶の水大学大学博士学位論文　于建明著　6800円
  978-4-86185-144-5

- **●中国東南地域の民俗誌的研究**
  第16回華人学術賞受賞　神奈川大学博士学位論文　何彬著　9800円
  978-4-86185-157-5

- **●現代中国における農民出稼ぎと社会構造変動に関する研究**
  第17回華人学術賞受賞　神戸大学博士学位論文　江秋鳳著　6800円
  978-4-86185-170-4

中国式管理
世界の経済人が注目する 新マネジメント学
曾仕強著　内山正雄訳
A5判　284頁　並製本　3600円
ISBN 978-4-86185-270-1

新しい経済戦略を知るキーポイント **中国の新常態** ニューノーマル
中国社会科学院 李揚・張暁晶 著
日中翻訳学院 河村知子・西岡一人 訳　3300円　ISBN 978-4-86185-247-3

日本僑報社

TEL 03-5956-2808
FAX 03-5956-2809
Mail info@duan.jp
http://jp.duan.jp